QIYE WENHUA YU DIANLI YUANGONG ZONGHE SUZHI

企业文化与电力员工综合素质

赵尧麟◎主编

四川大学出版社
SICHUAN UNIVERSITY PRESS

图书在版编目（CIP）数据

企业文化与电力员工综合素质 / 赵尧麟主编 . — 成都：四川大学出版社，2022.8
ISBN 978-7-5690-5322-7

Ⅰ．①企… Ⅱ．①赵… Ⅲ．①电力工业－工业企业管理－企业文化－中国－高等职业教育－教材 Ⅳ．① F426.61

中国版本图书馆 CIP 数据核字（2022）第 014745 号

书　　名：企业文化与电力员工综合素质
　　　　　Qiye Wenhua yu Dianli Yuangong Zonghe Suzhi
主　　编：赵尧麟

选题策划：李波翔
责任编辑：曾　鑫
责任校对：孙滨蓉
装帧设计：青于蓝
责任印制：王　炜

出版发行：四川大学出版社有限责任公司
　　　　　地址：成都市一环路南一段 24 号（610065）
　　　　　电话：（028）85408311（发行部）、85400276（总编室）
　　　　　电子邮箱：scupress@vip.163.com
　　　　　网址：https://press.scu.edu.cn
印前制作：四川胜翔数码印务设计有限公司
印刷装订：四川盛图彩色印刷有限公司

成品尺寸：185mm×260mm
印　　张：9
字　　数：206 千字

版　　次：2022 年 8 月 第 1 版
印　　次：2022 年 8 月 第 1 次印刷
定　　价：58.00 元

扫码查看数字版

四川大学出版社
微信公众号

本社图书如有印装质量问题，请联系发行部调换

版权所有　◆侵权必究

编委会

主　编：赵尧麟
副主编：赵周芳　陈晓凤　石　俊
参　编：杨冰　席川　张建波
主　审：邓　斌

前　言

2016 年 7 月 1 日，习近平总书记在庆祝中国共产党成立 95 周年大会上发表重要讲话强调，全党要坚定道路自信、理论自信、制度自信、文化自信。习近平总书记指出：没有文明的继承和发展，没有文化的弘扬和繁荣，就没有中国梦的实现。文化是一个民族的灵魂，也是一个国家软实力的体现。文化潜移默化地影响人，文化从心灵深处塑造人，文化的力量是巨大且无可替代的。对于企业来说，企业文化是企业的灵魂，是企业员工的精神支柱，是企业生死存亡和发展的基本条件，加强企业文化建设，能增强凝聚力，激发创造力，使员工发扬团队精神，拼搏进取，从而提高企业核心竞争力。国家电网有限公司具有优秀的企业文化，向来高度重视企业文化建设，善于用优秀的企业文化凝聚员工、激励员工，从而保持青春活力，基业长青。

为了让国家电网有限公司的新员工快速理解公司企业文化，努力提升自身综合素质，进一步认同国家电网有限公司价值理念，将个人价值追求和公司发展战略协调一致，国家电网四川省电力公司技能培训中心（四川电力职业技术学院）组织了一批优秀教师，着力开发"企业文化与综合素质"理实一体课程。该课程在 2020 年经四川省教育厅评审认定为省级"课程思政"示范课程。2021 年，课程组将"企业文化与综合素质"课程使用的课程资源整理后编写了本教材。

本教材分为六个模块，从企业文化认知到探讨企业文化与职业道德的关系，从企业物质文化、行为文化、制度文化逐层分析到精神文化，内容以分析企业文化相关概念和知识为基础，进而探讨国家电网有限公司企业文化，充分将思政元素融入课堂案例，以任务为驱动，结合趣味性的实践环节，融入电网企业对员工知识和能力的要求，体现了学以致用的职业培训教材特色。

该教材由"企业文化与综合素质"课程负责人赵尧麟副教授担任主编，编写模块一、模块二、模块四并统稿，赵周芳、陈晓凤、石俊任副主编，分别完成模块五、模块三和模块六的编写，杨冰、席川、张建波参与编写和校核。编写人员工作岗位涵盖了教学研究、教学实施、学生管理、教育培训管理，能从不同的角度挖掘电网企业的文化内涵以及对员工的能力要求。

由于编写时间仓促，本教材难免存在疏漏之处，恳请各位专家和读者提出宝贵意见，使之不断完善。

目　录

模块三　企业物质文化分析及实践

模块四　企业行为文化分析及实践

模块五　企业制度文化分析及实践

模块六　企业精神文化分析及实践

模块一　初识企业文化

导　　读：

劳动创造了人类，人类通过劳动创造了文化。文化与人类共生，是人类存在和历史发展的表现。文化推动着人类从野蛮到文明不断地繁衍、进化。不同的国家、不同的民族、不同的地域，都有着与当地相适应的文化。而一旦文化与社会的发展不相适应，就会催生变革。国家重视文化的传播，民族重视文化的传承，而企业也在发展过程中越来越重视文化的竞争力。企业文化是在一定的社会历史条件下，企业生产经营和管理活动中所创造的具有本企业特色的精神财富和物质形态的总和，是企业的灵魂。建设完善的企业文化可以使企业适应自身和市场的需求，从而得到健康有序的发展。通过企业文化，缔造一个环境，影响企业员工的行为，间接影响其思维模式，使员工心往一处想，劲往一处使，推动企业发展。作为一名职场人，了解所在企业的企业文化，认同、并愿意为之付出努力，在推动企业发展的过程中，也能成就自己。

学习目标：

1. 了解什么是企业文化。
2. 了解企业文化的内涵。
3. 了解企业文化的形成和发展对企业的作用。
4. 掌握企业文化的特征。
5. 掌握企业文化的构成和各部分相互的作用。
6. 了解企业文化的分类。

情景导入：

任正非谈企业文化

任正非创建了生生不息的华为文化，以企业文化为先导来经营企业，是任正非的基本理念，通过他的一些讲话可以帮助我们理解华为企业文化的内涵。任正非认为资源是会枯竭的，唯有文化才能生生不息。他说，人类所占有的物质资源是有限的，总有一天石油、煤炭、森林、铁矿会被开采光，而唯有知识会越来越多。以色列这个国家是我们学习的榜样。一个离散了两个世纪的犹太民族，在重返家园后，他们在资源严重贫乏，严重缺水的荒漠上，创造了令人难以相信的奇迹。他们的资源就是有聪明的脑袋，他们是靠精神和文化的力量，创造了世界奇迹。

根据上述事例展开以下讨论：

（1）为什么国内优秀的大公司如此看重企业文化？华为的成功与其企业文化有什么关系？

（2）上述企业文化对于企业来说能产生怎样的效益？

任务一　从文化认知到企业文化认知

情景导入：

谈谈你熟悉的文化

一起来谈谈你所熟悉的一种文化，比如民族文化、饮食文化、汽车文化、服饰文化……再试试一起来归纳总结这些文化的共性。

一、文化的内涵

"文化"一词来源于拉丁文"Cultural"。"文化"的定义有很多，最原始的意义是指农耕与种植。在后世的发展演变当中，"文化"一词指人的品德和能力。而在中国古书籍当中，对"文"和"化"有这样的解释："文"既指文字、文章、文采，又指礼乐制度、法律条文。"化"指的是教化、教行。中西两个"文化"一词的来源，在本质上没有太大的区别。在近代，英国人类学家爱德华·泰勒给"文化"一词下了明确的定义。他于1871年出版了《原始文化》一书，他指出："据人种志学的观点来看，文化或文明是一个复杂的整体。它包括知识、信仰、艺术、伦理道德、法律、风俗和作为一个社会成员的人通过学习而获得任何其他能力的习惯。"

"文化"一词在我国古代已有典籍记载，如《周易·贲彖》中有："文明以止，人文也。观乎天文，以察时变；观乎人文，以化成天下。"在当代，"文化"一词的定义涵盖了政治、经济、艺术、科学、技术、教育、语言、习俗等。

文化反映的是人类的生活方式，它是人类在长期与自然界作斗争的过程中积累下来，并世代相传的，包括如何适应环境、协调人类内部关系的行为模式。它反映了人类对于物质世界和精神世界的全部认识，并且通过人类的知识、信仰、风格、习惯、能力、道德、价值等多方面表现出来。文化也是人类区别于其他生物的标志。

文化的概念有广义和狭义之分。

广义的文化：人类社会历史实践过程中所创造的物质财富与精神财富的总和。

狭义的文化：社会的意识形态以及与之相适应的组织机构与制度。

文化是一种历史现象，它作用于人类改造自然和社会的实践活动，推动社会历史的发展，同时人类文化又随着社会历史发展，形成了各种类别、各种形式、各具特色的文化模式。每个社会都有与之相适应的文化。一旦出现文化与社会发展不相适应，就会发生变革，由此诞生出新的文化去适应新的社会形态。

中国具有悠久的历史文化，中国的文化首先包括思想、文字、语言，之后是"六艺"，即礼、乐、射、御、书、数，再后来是生活富足后衍生出来的书法、音乐、曲艺、舞蹈、武术、棋类、节日、饮食等。

综上所述，文化是人类改造自然、社会和人类自身活动的成果，是后天习得的，是可以共享的，是以符号为基础，是一种动态过程。

二、企业文化的内涵

企业文化，或称组织文化（Corporate Culture 或 Organizational Culture），是把文化的范畴聚焦在一个企业，它是一个组织由其价值观、信念、仪式、符号、处事方式等组成的其特有的文化形象，简单而言，就是企业在日常运行中所表现出的各方各面。企业文化是在一定的社会历史条件下，在企业生产经营和管理活动中所创造的，具有本企业特色的精神财富和物质形态的总和。它包括文化观念、价值观念、企业精神、道德规范、行为准则、历史传统、企业制度、文化环境、企业产品等，其中价值观念是企业文化的核心。

企业文化分为广义和狭义两种。

广义的企业文化：企业物质文化、行为文化、制度文化、精神文化的总和。

狭义的企业文化：以企业价值观为核心的企业意识形态。

相关阅读：

微软的企业文化

微软企业文化是"失败是成功之母"。在很多企业还没有真正理解和应用这句话的时候，微软却率先做到了。当我们将这句话作为失败后的一支安慰剂的时候，微软却已经将其作为了实际工作的指导理念。从 1975 年包括比尔·盖茨在内的仅有的三名员工，发展到今天的大型跨国公司，比尔·盖茨是一个传说，Microsoft（微软）更是一个令人难以置信的神话。优秀的企业文化造就卓越的企业，微软就是这样一个例子。微软拥有舒适的工作环境，包括自然环境和人文环境。大学校园的英文是"Campus"，微软研究院也叫"campus"，这正是微软舒适的自然环境的写照。其中包括花园式的拥有大量鲜花、草坪的园区，还有美丽的比尔（Bill）湖，篮球场、足球场更是充满了校园气氛。舒适的自然环境为微软员工提供了优雅的工作场所，成为高效工作的有力保障。

国家电网有限公司的企业文化

国家电网有限公司是根据《中华人民共和国公司法》规定设立的中央直接管理的国有独资公司，是关系国民经济命脉和国家能源安全的特大型国有重点骨干企业。中国电力工业具有 140 年的历史，1949 年中华人民共和国成立后，电力工业管理体制历经多次变化，到 1993 年成立电力工业部。1997 年国家电力公司成立于电力工业部实行两块牌子一套班子运行，2002 年国务院实施电力体制改革，决定在原国家电力公司部分企事业单位基础上组建国家电网公司。2017 年，国务院实施中央企业公司制改制工作，公司由全民所有制企业整体改制为国有独资公司，名称变更为"国家电网有限公司"。公司经营区域覆盖我国 26 个省（自治区、直辖市），供电范围占国土面积的 88%，供电人口超过 11 亿人。企业宗旨是"人民电业为人民"，这是老一辈革命家对电力事业提出的最崇高、最纯粹、最重要的指示，体现了国家电网发展的初心所在。

三、企业文化的形成与发展

企业文化作为一种有意识的企业管理活动，源于第二次世界大战后的日本，作为一种企业管理理论体系，创建于 20 世纪 80 年代初期的美国。所以，企业文化理论的诞生可以概括为"日本开花，美国结果"。

20 世纪 70 年代，世界经济史上最大的奇迹莫过于日本在第二次世界大战废墟上快速崛起，一跃成为当时继美国、苏联之后的世界第三大工业国和经济强国。日本经济崛起的秘密何在？日本靠什么样的管理使其产品具有如此强大的竞争力？

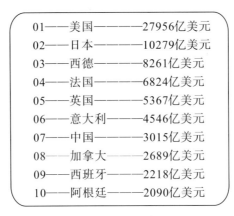

01——美国————27956亿美元
02——日本————10279亿美元
03——西德————8261亿美元
04——法国————6824亿美元
05——英国————5367亿美元
06——意大利———4546亿美元
07——中国————3015亿美元
08——加拿大———2689亿美元
09——西班牙———2218亿美元
10——阿根廷———2090亿美元

图 1—1　1980 年世界各国（地区）GDP 总值排名前十（除苏联外）

美国开始深刻思考并寻找日本奇迹的答案，派出大批的考察团赴日，考察和总结日本企业的管理经验。经过认真的调研，发现日本在管理上以人为本，重视价值观问题。通过进一步研究，发现这样的管理方法背后存在着深厚的文化底蕴。这样，原本是单纯的管理方法研究转而变为企业支撑力的探讨。美国专家发现，日本企业文化的表现形式是多种多样的，如社风、社训、经营原则等。这种企业文化是在企业内部把全员力量统一于共同目标之下，增强员工凝聚力的一种文化观念、历史传统、价值标准、道德规范和生活准则。

20 世纪 80 年代，美国先后出版了四本企业文化著作：美国著名的麦肯锡管理咨询公司顾问阿伦·肯尼迪和特伦斯·迪尔合著的《企业文化——企业生活中的礼仪与仪式》，美国企业管理咨询顾问托马斯·彼得斯和小罗伯·沃特曼合著的《追求卓越——美国最佳公司的经验教训》，美国著名美日比较管理学者威廉·大内的《Z 理论——美国企业界怎样迎接日本的挑战》，美国斯坦福大学教授巴斯克和美国哈佛大学教授艾索思合著的《日本企业管理艺术》。这四本著作的出版，标志着企业文化理论从此诞生（见图 1—2）。于是企业文化被明确地提出来了，并越来越受到世界管理界的重视。

图 1-2　企业文化著作

　　企业文化作为经济领域的文化表现，存在于经济发展史中，与企业同始同终，它的成长过程与企业的成长历程一样。企业文化在一定的企业生态环境中生存、积累、发展和创新，慢慢形成了自己独特的结构，并逐渐稳定，这就形成了企业文化的模式。企业文化随着企业的发展与成长，按照一定的规律性，在不断地吸收、规范、调整、扬弃的过程中，渐渐被规范化、制度化、合理化，最终成为被企业全体员工内化于心、外化于行的企业文化体系。

　　我国正式提出"企业文化"这个概念是在 1986 年，而真正推动企业文化建设在中国兴起的根本原因，还在于改革开放和社会主义市场经济体制的逐步建立，使企业文化成为企业进入市场经济和自身发展的内在需求。1992 年，中国共产党第十四次全国代表大会明确提出："我国经济改革的目标，是建立社会主义市场经济体制。"在精神文明方面，提出要"搞好企业文化建设"。这是在党和国家的重要文献中第一次写上了"企业文化"四个字，极大地推动了中国企业文化的建设。2017 年 10 月 18 日，习近平总书记在中国共产党第十九次全国代表大会上强调文化自信的基础性地位，"坚持社会主义核心价值体系。文化自信是一个国家、一个民族发展中更基本、更深沉、更持久的力量。"[1]，"激发和保护企业家精神，鼓励更多社会主体投身创新创业。建设知识型、技能型、创新型劳动者大军，弘扬劳模精神和工匠精神，营造劳动光荣的社会风尚和精益求精的敬业风气。"[2] 党的十九大报告，为企业发展提出的新的要求，那就是在践行社会主义核心价值观的前提下，充分发挥企业文化"以文化人"的力量弘扬正气。

四、企业文化的特征

相关阅读：

猴子与香蕉的试验

　　科学家做了一个试验：把五只猴子关在一个笼子里，上头有一串香蕉，实验人员装

---

　　[1]　习近平：《决胜全面建成小康社会　夺取新时代中国特色社会主义伟大胜利——在中国共产党第十九次全国代表大会上的报告》，人民出版社，2017 年，第 23 页。

　　[2]　习近平：《决胜全面建成小康社会　夺取新时代中国特色社会主义伟大胜利——在中国共产党第十九次全国代表大会上的报告》，人民出版社，2017 年，第 31 页。

了一个自动装置，一旦侦测到有猴子要去拿香蕉，马上就会有水喷向笼子而这五只猴子都会一身湿。首先有只猴子想去拿香蕉，当然，结果就是每只猴子都淋湿了。之后每只猴子在几次的尝试后，发现莫不如此。于是猴子们达成一个共识：不要去拿香蕉，以避免被水喷到。

实验人员把其中的一只猴子释放，换进去一只新猴子A，这只猴子A看到香蕉，马上想要去拿，结果，被其他猴子打了一顿——因为其他猴子认为猴子A会害它们被水淋，所以制止它去拿香蕉。A尝试了几次，依然没有拿到香蕉。

图1-3　猴子与香蕉

实验人员再逐渐把所有的旧猴子都换成新猴子，后来的猴子都不敢再动香蕉，但是它们却不知道为什么会这样。

猴子与香蕉的试验为我们揭示出团队文化中的四个特点：一是体现在集体行为习惯上，二是表现为团队成员的无意识执行，三是具有行为的约束作用，四是具有传承性和相对稳定性。

自从英国的阿克勒特于1769年在诺丁汉创办全球第一家企业以来，企业从未间断过创建企业文化，文化也自始至终地塑造着企业。企业文化是一种既时尚又实用的企业管理方式，已成为一股国际潮流，各个具体企业的文化各有不同，但也有一些共同的特征。

（一）人文性

人文主义是欧洲中世纪反对神权统治、主张个性解放的产物。它的基本要求是尊重人、关心人、人本主义。企业文化作为一种管理哲学，以人为本，这也是企业文化与传统的以物为本的管理思想的根本区别。

所谓企业文化的人文性，是从企业文化的角度来看，企业内外一切活动都应是以人为中心的。从企业内部来看，企业不应是单纯地制造产品、追求利润的机器，员工不应是这部机器上的部件；企业应该是使员工能够发挥聪明才智，实现事业追求，和睦相处、生活舒畅的大家庭。从企业外部看，企业与社会不应该单纯是商品交换关系，企业生产经营的最终目的是满足广大人民的需要，是为了促进人类社会的发展。

（二）社会性

企业文化的社会性，是指每一个企业都处于社会之中，社会文化无时无刻对企业发生重要影响。社会意识形态、社会价值观、社会行为准则、社会文化心理、社会人际关系、社会道德观念等，都对企业产生着影响。企业文化是企业这个经济社会群体的共同的价值取向、行为准则、生活信息等。

（三）集体性

企业文化是在企业生产经营过程中，逐步将自己的价值观、规范和制度积淀下来形成的。这不是哪个企业成员或哪一部分人所能完成得了的，是一个长期的过程。企业的价值观念、道德标准、经营理念、行为规范、规章制度等都必须是由企业内部的全体成员共同认可和遵守的。企业文化是依靠一个企业全体成员的共同努力才建立和完善起来的，所以说，企业文化具有集体性。

（四）个异性

许多企业管理理论，往往总是试图寻找一种适合于一切情况的企业运行模式。这种"共性"化的管理模式尽管在今后也不应完全抛弃，但它的确是以往"一刀切"弊病的原因之一，而企业文化理论则更强调把握企业的个性特征，强调按照企业自身的特点进行有效的管理。实际上，任何企业都有自己的特殊品质。从生产设备到经营品种，从生产工艺到经营规模，从规章制度到企业价值观，都各有各的特点。即使是生产同类产品的企业，也会有不同的文化设施、不同的行为规范和技术工艺流程，所以，每个企业的企业文化都具有其鲜明的个体性、殊异性特色。任何所谓通用的、空洞的企业文化，都不可能有持久、强大的生命力。

（五）社区性

企业文化是企业作为一个社会群体的存在样式，企业不是一个单纯的经济机构或生产机构，不是个人的简单集合。企业是一个社会组织，是现代社会的一种社区类型。企业对员工来说，不仅是工作环境，而且是生活环境、交往环境。企业不仅为员工提供了谋生手段，而且为员工提供了人生舞台，提供了满足多种需求的条件。

（六）综合性

企业文化不但具有个异性，而且也具有综合性。文化本身因为有用、有价值，特别是当一种文化的价值是另一种文化所不具有的时候，它的这种价值便会被别种文化所吸纳。不管何种文化，它作为民族的、社区的共同体验的结晶，都含有特殊的价值。当这些文化相遇的时候，它们彼此相互吸取、融合、调和各个个异文化中有营养的部分，重新构筑新的个体企业文化的机制和特征。这即是企业文化的综合性。

企业文化的综合性大体上可划分为三个层次：一是对不同民族、不同地区、不同城市的宏观文化的综合性吸纳；二是对不同企业的微观文化的综合性吸收，把别的企业文化中适于本企业文化吸取的部分拿来，汇合成本企业的新文化；三是对企业各基层单位、广大员工群众中新萌生出的文化胚芽进行综合性概括、加工。这三个层次，实际上是不能截然分开的，是一个统一体。企业文化的综合性，不能简单地理解为平面的集中，它实质上是精华的吸收与再造，包括生成新的文化。企业文化的综合性越强，生命力就越强。

（七）规范性

企业文化是由企业内部全体成员所创造出来的，企业文化具有整合功能。这就要求企业内个人的思想行为——至少与企业利益密切相关的思想和行为应当符合企业的共同价值观，与企业文化认同一致。当企业员工的思想行为与企业文化发生矛盾时，应当服从企业整体文化的规范要求，在这一规范下，企业力图使个人利益与集体利益、个人目标与企业目标统一起来。

（八）时代性

任何企业，都是置身于一定时空环境之中的，受时代精神感染，而又服务于社会环境。企业的时空环境是影响企业生存与发展的重要因素，企业文化是时代的产物。因此，它的生成与发展，它的内容与形式，都必须要受到一定时代的经济体制和政治体制、社会结构、文化、风尚等的制约。由后者众多因子构成的时代精神在企业文化中反映出来，即构成了企业文化的时代特征。

企业文化是时代的产物，又随着时代的前进而不断地演化着自己的形态。一方面，不同时代具有不同的企业文化；另一方面，同一个企业在不同时代，其文化也有不同特点。每一个时代的企业文化都深刻地反映了那个时期的特点和风貌，反映了它们产生的经济和政治条件。经济、政治体制改革日益深入，市场经济日益发展，改革开放，开拓进取、竞争、效率等概念都必然成为未来企业文化的主旋律。可见，时代特点感染着企业文化，企业文化反映着时代风貌。

（九）民族性

所谓民族，就是人们在历史上形成的一个有共同语言、共同区域、共同经济生活以及表现于共同文化上的共同心理素质的稳定的共同体。在世界文化体系中，由于民族区域生态环境不同，文化积累和传播不同，社会和经济生活不同，处于不同民族群体之中的人们，由于共同参与一种文化制度，共享一种文化制度，久而久之，形成了一个民族的人们共同的精神形态上的特点，如特定的民族心理、风俗习惯、宗教信仰、伦理道德、价值观念、行为方式、生活方式等，成为自己独特的民族文化。

拓展阅读：

中国"海尔文化"激活"休克鱼"

1995年7月4日，海尔兼并了青岛红星电器厂。红星厂主要生产洗衣机，累计亏损达2.39亿元，无法还贷。海尔只派了三个人去。去之前，张瑞敏对他们说："红星厂搞成这个样子，是人的问题，是管理的问题。一千万，一个亿，海尔拿得出，但现在绝对不能给钱。要通过海尔文化、通过海尔的管理模式来激活这个企业。"。

这三个人到了红星厂，做的第一件事是按海尔文化来建设干部队伍。因为干部是企业的头，首先要把"鱼"脑子激活，才有可能把整条"鱼"从睡梦中唤醒。他们通过职代会来评议现有的105名干部，决定定编49名。海尔人在红星厂烧的第一把火，就是营造一个公开竞争的氛围，让原来所有的干部和全厂职工一起参加干部岗位竞争。结果，原来的100多名干部，通过竞争上岗的只有30多人；从来没有当过干部的人，有10多个通过竞争成了干部。这件事，一下就把大家的积极性激发出来了。公开、公平、公正竞争的氛围，是一股强大的推动力，人们不知不觉地就被推动得从迈"方步"到跑步前进了。干部问题解决以后，还面临一个难关——资金问题。在当时的红星厂里，退回来的大量洗衣机堆积在仓库里。所有的销售人员都在家里待着，工人没有活干，发工资的钱也没有。红星厂的一些人找到海尔总部要钱。张瑞敏对他们说："钱肯定不给。你们的货款都套到商场上去了，要想办法把货款要回来发工资。现在虽然是淡季，但从海尔的理念来看，只有淡季的思想，没有淡季的产品。如果你思想处在淡季，就会把消极等待的行为看成是正常的；如果你认为没有淡季，就会创造出一年四季都一样卖得很好的产品来。树立了这样的观念，什么事情干不成呢？"于是，他们以山东潍坊市作为试点，派人去催要货款。潍坊的商家说："不行。你们厂有很多产品质量太差，都积压在仓库里，要钱的话，这些问题得先解决。"派去的人在总部的支持下，以海尔的名义作出担保："第一，以后给你们的产品肯定不会再有质量问题。第二，原来有问题的产品全部收回，如果你们不放心的话，现在就可以把这些产品收回来当场销毁。"商场的人感动了，说："行了，有了这些担保就信任你们了，你们也不必在这里销毁，拿回去处理吧！"这样就把货款拿回来了。潍坊的试点成功以后，立即推广，红星厂里的销售人员全派出去催收货款，缓解了资金困难。

海尔兼并红星，就是这样派了三个人去，没有增加一分钱的投资，没有换一台设备，主要是去营造公开、公平、公正竞争的文化氛围，灌输并实践海尔的生产经营理念，输出海尔的企业文化。结果是兼并的当月即 1995 年 7 月，亏损 700 万元；8 月、9月仍然亏损，但亏损额大大减少；10 月份达到盈亏平衡；11 月份盈利 15 万元，年底完全摆脱困境。被救活了的红星厂的职工们，牢固树立了"只有淡季思想没有淡季产品"的经营理念，他们开始把目光投向市场，决心开发出多种多样的产品，使本厂没有淡季。"小小神童"洗衣机就是填补淡季的产品。它是针对夏季的上海市场设计的，因为上海人喜欢清洁，每天都要洗衣服，而一般的洗衣机都太大，夏天的衣服比较少。很需要"小小神童"这种体积比较小、耗水和耗电都比较少的洗衣机。"小小神童"洗衣机一生产出来就往上海送。果然不出红星厂设计人员所料，一上市就大受欢迎。在北京等一些大城市，也出现供不应求的局面。结果在过去认为是淡季的日子里，红星厂的生产已经忙不过来了。

海尔按照专吃"休克鱼"的思路，到 1998 年 6 月底，连续兼并了 15 家企业。这些企业被兼并时的亏损是 5.5 亿，兼并以后都已经扭亏为盈，而且盘活了近 15 亿的资产。这不仅使得作为兼并者的海尔得到发展，同时也使得被它兼并的企业获得了真正的新生。海尔兼并了那么多的企业，没有一个是一进去就添置设备的，都是用原有的设备，在原有的厂房里，生产原有的产品，但都比较快地改变了面貌，靠的是什么呢？靠的就是输出海尔的企业文化。

分析与思考：

（1）结合案例，谈一谈你看到了海尔企业文化中的哪些精神。

（2）试阐述案例中体现了企业文化的什么作用和功能。

（3）分组讨论海尔企业文化给了即将进入职场或初入职场你什么启示。

任务二　剖析企业文化

有人比喻说，一个企业就像一部汽车，它由很多零件构成，而企业的经济实力、文化实力、品牌实力、产品服务等则是汽车的轮子，决定着企业是否能够正常运转，也决定着汽车的行驶方向、速度、安全和舒适性等。如果一个企业只注重经济实力，显然是无法行稳致远的。

一、企业文化的构成

企业文化是由企业环境、价值观、英雄人物、活动和仪式、文化网络五个要素所构成的，这五个要素分别发挥着各自的作用。企业文化系统经过各要素间相互作用，成长为真正的文化。

（一）企业环境

企业环境是指企业经营所处的极为广阔的社会和业务环境，包括市场、同行、顾客、政府导向、相关技术等。企业外部环境是形成企业文化的重要影响因素。而企业文化则是企业在这种环境中为了获得成功所必须采取的全部策略的体现。例如，在疫情的影响下，各行各业都开始发展自己的线上营销模式，全国的旅游景区开发了非接触式网络售票系统；美团的"跑腿"业务逐步扩展，新增了"美团优选"生鲜、零食等配送新模式，以获得更大的市场。

（二）企业价值观

企业价值观是指企业在追求经营成功过程中所推崇的基本信念和奉行的目标。企业价值观是企业文化的核心或基石，一个企业的价值观越鲜明，其信念越强烈，就越能增强企业的凝聚力，使大家的力量都集中到企业目标上来；企业的价值观越含糊，其信念越薄弱，企业的凝聚力就越弱。

（三）企业英雄

企业英雄是反映企业文化个性的典型人物。他们是企业力量的化身，是强势文化的主角，没有英雄人物的企业文化是不完备的文化，是难以传播和传递的文化。企业英雄包括共生英雄和情势英雄，与企业一起成长和成熟的企业家及初创时期的人员往往被称为共生英雄；从实践中涌现出来的被职工推选出来的具有典型企业精神体现的员工称为情势英雄。他们在各自的岗位上做出了突出的成绩和贡献，因此成为企业的模范。企业英雄的行为虽然超乎寻常，但离常人并不遥远，往往向人们显示"成功是人们力所能及的"，因此企业英雄可以使人们在个人追求与企业目标之间找到一种现实的联系；企业英雄通过在整个组织内传播责任感来鼓励员工，其鼓舞作用不会因为英雄本人的去世而消失，就像新时代我们依然弘扬雷锋精神一样。

相关阅读：

《中国机长》原型

2018年5月14日，川航3U8633航班机组当飞行在9800米高空，飞行速度800km/h时，发生了挡风玻璃破裂。在玻璃破裂的一瞬间驾驶舱内温度骤降至零下40摄氏度，机长们当时只穿了薄衬衣，很快被大风撕烂。机舱瞬间失压，副机长半个身子被吸出窗外受到了重伤。当职机长刘传建，在供氧不足的情况下，凭借自己多年的经验积累和熟练的业务技能，手动将飞机成功备降至成都双流机场，保全了机上乘客的安全。在后来的采访过程中，刘机长表示挽救飞机，"这是我的职责"。机长的肩章上有四道杠，副机长是三道杠。刘机长跟大家说，机长多的这一道杠代表的就是责任。

图1-4 电影《中国机长》原型人物

（四）习俗与礼仪

企业的习俗与礼仪是企业有系统、有计划的日常例行事务，其实质是要培植基于尊重人、关心人、爱护人的行为准则，追求更深层次的价值观，赋予企业内部浓厚的人情味，使企业与职工之间、企业与公众之间充满情感交流。企业需要各种各样的习俗和礼仪来传播和维护企业文化，将隐形的企业文化通过外显的形态表现出来，积极强化企业习俗和礼仪等各项行为，同时充分挖掘和发挥员工的积极性，为企业注入活力，如召开企业年度庆典、公司竞赛调考、表彰大会，等等。

国网四川省电力公司每年开展QC课题经验交流，它的价值是通过活动的开展，鼓励员工团结协作，在工作中勇于创新，并通过交流发布的形式，将好的经验进行推广。

（五）文化网络

文化网络是指企业中非建制型的信息传播渠道，常常与非正式组织联系在一起。建设良好的企业文化环境，建立良好的劳动条件、劳动保护、娱乐休息环境以及文化设施，活跃职工业余文化生活，对非建制型传播渠道有好处。保持融洽的团队关系能够引发共同的友爱之情以及对组织的整体的认同感，扩大人际交流，增进友谊和内部凝聚力。

相关阅读：

沃尔玛百货有限公司的企业文化构成

沃尔玛百货有限公司是全球最大的世界性连锁企业，也是近年来世界五百强蝉联第一位的企业，主要涉足零售业。

企业环境：外部环境——大众对百货零售的潜在需求，是其迅速成长的前提，它注重品质、低价优质、良好服务的作风使其赢得了良好的公众形象；内部环境——尊重每一个员工，非常注重领导与员工之间的关系，注重发挥每一位员工的特长，让大家为企业出谋划策，使企业利润与员工收入直接挂钩，调动员工积极性，对员工尊重关爱，建立了融洽的企业氛围。

价值观：顾客永远是对的。沃尔玛所有的员工都知道两条原则，第一条是"顾客永远是对的"；第二条是"如果顾客有错请参照第一条"。此外还有两条要求，分别是"太阳下山"和"十英尺态度"。"太阳下山"是指每个员工都必须在太阳下山之前完成自己当天的任务，而且，如果顾客提出要求，也必须在太阳下山之前满足顾客；"十英尺态度"是指，当顾客走进员工 10 英尺的范围内时，员工就必须主动地询问顾客有什么要求，而且说话时必须注视顾客的眼睛。

典型人物：各分公司办公室里都挂有创始人的巨幅照片，总部和各个商店橱窗中都悬挂着先进员工的照片，对特别优秀的管理人员，授予"山姆·沃顿企业家"称号。

典礼仪式：以 WALMART 的每个字母打头，编了一整套口号，内容是鼓励员工时刻争取第一。公司每次召开股东大会、区域经理会议和其他重要会议时，都要高呼这些口号，并配有动作，以振奋精神，鼓舞士气。

文化网络：沃尔玛在全球的四千多家分店，尤其是会员店，突出而集中地反映了沃尔玛的个性风格和企业文化精髓，它们是沃尔玛强大的外部传播网络。

图 1-5　沃尔玛百货有限公司

国家电网有限公司企业文化构成简介

企业环境：始终坚持以人民为中心的发展思想，致力于为美好生活充电、为美丽中国赋能。2020 年，新冠肺炎疫情期间，国家电网有限公司全面助力"六稳""六保"工作，采取降低工商业电价 5% 的举措，降低企业运营成本。

价值观：以人民电业为人民为企业宗旨，矢志成为国民经济保障者、能源革命践行者、美好生活服务者。

典型人物：国家电网天津电力公司滨海供电分公司配电抢修班班长张黎明，2018年被中宣部授予"时代楷模"称号，他爱岗敬业、执着创新，充分彰显了电力人的"工匠精神"；国家电网四川电力（成都）连心桥共产党员服务队队长刘源，严守共产党员服务队"有呼必应，有难必帮"誓言，荣获全国第六届助人为乐道德模范称号，用实际行动架起了党同人民群众的连心桥。

典礼仪式：国家电网公司每年自下而上推选公司"劳模"，并召开表彰大会，让员工看到平凡的岗位中也能涌现出杰出的代表，鼓励广大员工向劳模看齐，创先争优。公司每年开展各项竞赛比武，其价值一是营造"比学赶帮超"的良好学习氛围，二是鼓励员工在专业技能上不断积极进取，三是从广大一线员工中选树典型。

文化网络：国家电网公司通过丰富的职工文化活动营造团队氛围，例如，党员服务队开展困难帮扶、电力科普宣传活动，各单位举办职工羽毛球、书法、摄影等比赛，通过这些形式传播和维护企业文化，提升集体团结拼搏的精神，培养员工的协作和服务意识。

二、企业文化的功能

企业文化作为一种新的管理方式，不仅强化了传统管理方式的一些功能，而且还具有很多传统管理方式不能完全替代的功能。

（一）导向功能

企业文化能对企业整体和企业每个成员的价值取向及行为取向起引导作用，具体表现在两个方面：一是对企业成员个体的思想行为起导向作用，二是对企业整体的价值取向和行为起导向作用。这是因为一个企业的企业文化一旦形成，它就建立起了自身系统的价值和规范标准，如果企业成员在价值和行为取向上与企业文化的系统标准产生悖逆现象，企业文化会将其纠正并将之引导到企业的价值观和规范标准上来。

相关阅读：

大庆精神

大庆精神具有鲜明而坚定的企业群体价值取向和价值追求。四十年来，大庆精神一直引导着大庆石油职工坚定地进行勘探、开发、建设的实践，极大地推动了生产力的发展。大庆人的"铁人精神""人拉肩扛精神""革命加拼命精神""硬骨头精神"都蕴含着大庆人无比坚定的革命意志和共产主义理想信念。大庆精神的发展经历由个体行为发展到群体行为，由个体意识到群体意识的扩展，使个人的价值拓展、理想和信念，通过艰苦的实践与大庆的发展目标结合起来，将人们引导到正确的方向上来。

（二）凝聚功能

企业文化的凝聚功能是指当一种价值观被企业员工共同认可后，它就会成为一种黏合力，从各个方面把其成员聚合起来，从而产生一种巨大的向心力和凝聚力。在特定的文化氛围之下，全体员工通过自己的切身感受，产生出对本职工作的自豪感和责任感，对本企业的企业目标、准则、观念等的认同感和归属感，使员工把自己的思想、感情、行为与整个企业联系起来，发挥出整体优势。

相关阅读：

日本企业的凝聚力

日本索尼集团董事长盛田昭夫曾说过："对于日本最成功的企业来说，根本就不存在什么诀窍和保密的公式。没有一个理论计划或者政府的政策会使一个企业成功，但是，人本身却可以做到这一点。一个日本公司最重要的使命，是培养公司和雇员之间的良好关系，在公司中创造一种家族式的情感，即经理人员与所有雇员同甘苦、共命运的情感。”日本的大部分公司在新员工入厂时，就给他们灌输必须与企业同存在的观念。当员工过生日时，公司都会有生日卡和生日蛋糕及总经理的亲笔祝福：“公司为能有你这样的员工而自豪，祝你生日快乐！”当员工家庭遇到困难时，公司会送上关怀和帮助。日本企业以本民族团队精神文化来影响员工，大大增强了企业的凝聚力。

（三）激励功能

企业文化能够激发成员工作动机和潜能，使其内心产生一种高昂激越的斗志和奋发向上的精神。企业文化把尊重人作为中心内容，以人的管理为中心。积极向上的思想观念及行为准则，会使人形成强烈的使命感和持久的驱动力，成为员工自我激励的一把标尺。

相关阅读：

海尔公司的激励机制

海尔不仅仅有严格管理，而且很注重采用物质、精神等手段来激励员工。高云燕是总装车间普通操作女工，负责在钻眼机前给每个冰箱门体的两端钻 4 个精度极高的孔。她在操作时，发现由于放置门体的工作台相隔而影响了加工的质量和效率。高云燕琢磨着在钻机前放面镜子，命名为“云燕镜子”，并书写在镜子上面。这面镜子不但激励了高云燕，还激励着全体职工。

（四）约束功能

企业文化对企业成员的思想和行为具有约束和规范作用。通过企业文化所带来的制度文化和道德规范，员工们自觉接受文化的规范和约束，按照企业价值观的指导进行自我管理和控制，使其符合企业价值观念和企业发展的需要。企业文化的软约束可以有效弥补企业制度硬约束的不足。

相关阅读：

莱尼公司的衰落

据有关专家对 1977—1988 年间两家公司——沃尔玛公司和莱尼公司的研究发现，沃尔玛和莱尼两家公司的老总一样，在创业初期，都十分注意提倡创业精神，重视顾客的满意程度，注重人才，注重企业形象与经营实力的提高。但随着企业的发展，两家公司因对企业文化的重视不一样出现了不同的经营结果。沃尔玛公司十分注意吸收优秀人才，极力做到“人尽其才，才尽其用”，并且采用一定的标准提高员工形象与员工素质，保持与发展了公司的“和气生财”的传统。这种企业文化使沃尔玛公司的业绩蒸蒸日上，成为世界著名的连锁企业。而莱尼公司在发展到一定的阶段后，放松了对企业文化的建设，致使企业员工在价值取向上失去一个导向指引与约束，最终使企业的竞争意识越来越淡薄，企业中滋生出一种裙带关系，职工晋升是凭关系而非凭业绩或能力，原来的品牌文化渐渐被抛弃了，没有品牌文化的支撑，莱尼公司日趋衰落。

（五）品牌功能

企业文化和企业经济实力是构成企业品牌形象的两大基本要素，它们是相辅相成的。企业品牌展示一个企业的形象，企业形象是企业经济实力和企业文化内涵的综合体现。评估一个企业的经济实力如何，主要看企业的规模、效益、资本积累、竞争力和市场占有率等。企业文化软实力与企业的经济硬实力之间具有紧密关联性，无论是世界著名的跨国公司，还是国内知名的企业集团，都具有独特的企业文化和强大的经济实力。

相关阅读：

品牌的价值

当提到"苹果"，你会想到什么？创新、改变、高科技产品。这不是我们偶然才会想到的。乔布斯在1997年的演讲上说：对我来说，市场的意义在于宣扬价值。这是一个复杂，喧嚣的世界。我们没有机会让人们记住我们，所以我们只能清楚的让人们知道我们想要传递的热情、改变、更美好的世界。这是"苹果"相信的，并且把这些价值融入所有产品中。

（六）辐射功能

企业文化不仅对企业内部发挥作用，还通过各种渠道，例如宣传、合作等，对企业外部产生影响。企业文化的辐射渠道主要是理念辐射、产品辐射、人员辐射和媒体辐射。

相关阅读：

做工程就找"信义兄弟"

信义兄弟——孙水林、孙东林，20年来做工程从未曾欠过工人一分钱。2010年新年到来前，哥哥孙水林一家五口在为工人准备发放工钱的路上，发生车祸遇难。弟弟孙东林顾不上安慰年迈的父母，赶在年前完成哥哥的遗愿，为工人发工钱。"新年不欠旧年账，今生不欠来生债"。他们始终信守自己的诺言。因此，在工程界兴起一句话："做工程就找信义兄弟"。

以上所述的企业文化的功能在实际中并不是单项表现出来的，而是综合、整体地产生作用。在不同企业文化中，功能表现侧重点不同。

分析与思考：

（1）有人说"大公司才需要企业文化"，你认同这个观念吗？试结合本节所学知识点阐述你的观点。

（2）试收集一个企业文化案例，并阐述企业文化在其中体现出的功能。

任务三 企业文化的分类

一、按市场角度分

企业文化四类型，是美国管理学家迪尔和肯尼迪在《企业文化——现代企业的精神支柱》一书中提出的关于企业文化类型特征的一种学说。该学说认为，企业文化的类型，"取决于市场的两种因素：一是企业经营活动的风险程度，二是企业及其雇员工作绩效的反馈速度"。由此来看企业文化，有以下四种类型。

（一）强人文化

强人文化形成于高风险、快反馈的企业。如影视、出版企业，拍一部电影或出一套

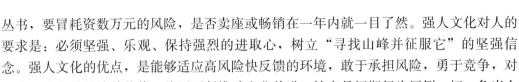

丛书，要冒耗资数万元的风险，是否卖座或畅销在一年内就一目了然。强人文化对人的要求是：必须坚强、乐观、保持强烈的进取心，树立"寻找山峰并征服它"的坚强信念。强人文化的优点，是能够适应高风险快反馈的环境，敢于承担风险，勇于竞争，对过失不追究并承认其价值，从而不断推动企业前进；缺点是短期行为压倒一切，争当个人明星，置公司精神于脑后，把仪式变成迷信，形成向错误学习的倾向。

（二）"拼命干、尽情玩"文化（简称"干玩文化"）

这种文化形成于风险较小、反馈较快的企业，如房地产经纪公司。生产与销售的好坏很快就能知道，但真正的风险并不大。"干玩文化"对人的要求是：干的时候拼命干，玩的时候尽情玩，对人友好，善于交际，树立"发现需要并满足它"的信念。"干玩文化"的优点是行动迅速，适合于完成所需工作量极大的任务；缺点是思考与敏感不足，常使胜利者变得愚蠢，忘记了今天的成功可能会导致明天的失败。

（三）攻坚文化

攻坚文化形成于风险大、反馈慢的企业。如航空航天企业，一个项目就得投资几千万元甚至几亿元，却需要几年的时间去研究和试验，才能判断是否可行。攻坚文化对人的要求是：仔细权衡，深思熟虑，一旦下了决心就不要轻易改变初衷，即使在得不到任何信息反馈的情况下也要有远大志向，要有韧性。攻坚文化的优点是完全适应于高风险慢反馈的环境，可孕育高质量的发明和重大的科学突破，从而推动经济迅速发展；缺点是慢得很可怕，缺乏激情。

（四）过程文化

过程文化形成于风险小、反馈慢的企业。如银行类企业，所进行的任何一笔交易都不太可能使公司破产，但这些企业的员工也往往得不到任何反馈。过程文化对人的要求是：遵纪守时，谨慎周到。过程文化的优点是有利于稳定，缺点是过于保守。

以上四种文化类型的划分是理论上进行规范的结果，实际上一个企业的文化往往是四种类型的混合，比如市场部门是强人文化，销售与生产部门是干玩文化，研究与发展部门是攻坚文化，会计部门是过程文化。一个注重文化建设的企业，往往善于将这四种文化类型艺术地融为一体，促使企业的发展更为和谐，以获得更大的绩效。

二、按发育状态分

从发育状态上，可以把企业文化划分为成长型文化、成熟型文化和衰退型文化。

（一）成长型文化

成长型文化是一种年轻的、充满活力的企业文化类型。企业文化的发育状态一般是和企业发展状态相适应的。在企业创业初期、企业经营发展时期，企业中各种文化相互抗衡，表现出新文化不断上升的态势，在内外经营环境的作用下，企业被注入了很多新观念、新意识和新精神，如勇于创新、拼搏竞争和开拓进取等。此时企业的盈利状况呈现一种日益上升的趋势，前景看好。因此，新文化对员工表现出极大的吸引力和感召力。但是由于成长型企业文化所面对的外部市场环境急剧变化，企业内部人员、结构、制度以及经营模式尚未定型，因此这种文化类型是不稳定的，如果引导不善也可能出现偏差。

（二）成熟型文化

成熟型文化是一种个性突出而且相对稳定的企业文化类型。一般来讲，企业发展进入成熟期，经营规模稳定，人员流动率降低，内部管理运行状态良好，企业与社会公众的关系也调整到了正常状态，与之相适应的企业文化也进入了稳定状态，并且经过了企业长时期文化的冲突与整合，个性特征越来越鲜明，企业的主导文化深入人心，形成了诸多的非正式的规则和强烈的文化氛围。此时，企业的规章制度顺理成章，政令畅通无阻，企业文化的发展进入了黄金时期。需要注意的是，成熟型的企业文化具有某种惯性和惰性，往往会阻碍企业文化的进步。

（三）衰退型文化

衰退型文化是一种不合时宜、阻碍企业发展的企业文化类型。企业文化从成长到成熟再到衰退是必然的，衰退型的企业文化意味着已经不适应企业进一步发展的需要，急需全面变革和更新。企业发展到一定阶段，当市场发生渐变或突变时，原有的经营方式和管理方式面临着巨大的挑战，而与变革前的市场以及经营管理方式相适应的企业文化也就成为衰退型企业文化。这种文化如果不能随着企业环境的变化积极地进行创新，就可能成为企业发展的巨大阻碍，或是导致企业走下坡路，直至被市场淘汰。

三、按企业文化结构分

企业文化的内容是丰富而广泛的，各因素之间相互联系、相互渗透又相互制约，从结构层次上研究，可以概括为四个层次（如图 1-6 所示）。

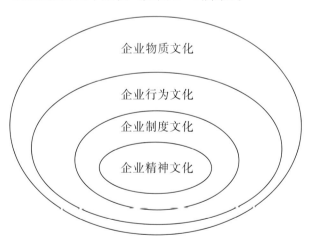

图 1-6　企业文化结构层次

（一）企业物质文化

企业物质文化是企业文化的最表层，是指组织的物质基础、物质条件和物质手段等方面的综合，例如，厂容厂貌环境、产品外观包装、技术设备特征等以及员工和典型人物的形象等方面。它看得见、摸得着、很直观，是一种以物质形态表现的静态表层企业文化。

（二）企业行为文化

企业行为文化是企业文化的浅层部分，是指员工在生产经营、培训学习、娱乐活动中产生的活动文化，包括企业经营、宣传方式、内外部人际关系、教育培训、文体活动等。企业行为文化是企业人员在生产经营、人际关系中产生的活动文化，以动态方式作为存在形式。

（三）企业制度文化

企业制度文化是企业文化的中间层次，主要是指企业的各种规章制度和企业职工对这些制度的履行情况，也包括企业的组织机构。

（四）企业的精神文化

企业精神文化指企业价值观、公司宗旨、战略目标、经营哲学、职业道德、企业精神等，是企业文化深层次的文化，具有隐性特征，决定了制度文化和物质文化，指导着行为文化，是形成企业文化其他各层面的基础和原则。

在后面的章节中，我们再着重分析和研讨企业文化各个层次的内涵，使大家更清楚地理解企业文化对于企业生存、运行、发展的重要意义，从而让职场人找到融入企业，与企业共同成长的途径。

分析与思考：

（1）列举一个你所知道的企业，试分析从市场角度看它属于哪种企业文化。

（2）试结合本节所学内容分析为什么企业在经营过程中，需要实时调整发展方向或战略目标。

模块二 企业文化与职业道德的关系

导　读：

企业文化是以企业整体运作为出发点的价值体系。职业道德是以每个员工个体为出发点的道德准则。现代企业文化的本质特征是"以人为本"。因此，企业文化与职业道德的关系问题就是企业与个人的关系问题，也就是整体和部分的关系问题。整体包含部分，部分从属于整体；整体决定部分，部分也反过来制约着整体。由此可见，企业在建设企业文化的同时，需要全面开展职业道德建设。需要明确，企业文化营造什么样的文化氛围去孕育和激发员工个人的活力，用什么样的规则体系去规范从业人员的职业操守，以达到全面提升员工的职业素养，最终实现企业的长远发展。

学习目标：

（1）能了解企业文化在企业发展中的重要地位。

（2）能了解职业道德对企业发展的重要作用。

（3）能认识企业员工必须具备的职业道德。

（4）能掌握企业员工的职业道德和企业文化之间的关系。

情景导入：

排队赶公交车引发的思考

一个站台前，公交车来了，按秩序排队等车的人们正在轮流上车，突然冲过来两个人，就准备直接上车……这时，队伍后面有人喊："同志，麻烦排队。"冒冒失失冲过来的两个人回头一看，很不好意思的站到了队伍后面，排队依次上车。

试想，如果公交车来了，大家都没有排队，而是争先恐后的在往上挤，这时有人在旁边喊："麻烦大家排队上车！"又会怎样呢？

图 2-1　排队赶公交车

社会公共秩序需要每个具有良好道德素养的公民来维护，企业良好氛围需要每位具有良好职业道德的员工来营造。企业文化是职业道德的背景和基础，职业道德是企业文化的核心与精华，两者之间相互依存、相互渗透、相互融合，从而实现以文化人、以德育人。

任务一　分析企业文化与企业发展的关系

一、企业文化是企业核心竞争力

正如我国著名经济学家于光远所言，国家富强靠经济，经济繁荣靠企业，企业兴旺靠管理，管理关键在文化。企业要提高自身的核心竞争力，除了拥有自身的技术、产品、核心人才以外，良好的企业文化是一个重要因素。因此，企业文化已经作为企业的核心竞争力，受到前所未有的重视。

（一）企业文化是企业管理的重要保证

企业文化作为企业的价值理念，具有内在的约束力。这种约束力支配着员工的行为，成为员工的行为准则，对企业具有重要意义和作用。众所周知，制度具有约束作用，但是这种硬约束是被动的管理。而企业员工一旦认可企业文化，就能统一思想、统一认识，明确企业的经营思想、经营理念和经营目标，形成一种自觉的行为习惯，这样，充分调动了企业员工的主人翁精神，实现"心往一处想，劲往一处使"的局面，这就使企业的管理成本大大降低，从而提升了企业的质效。优秀的企业文化根植于员工头脑之中，能增强企业的凝聚力、向心力，增强员工的忠诚度，降低员工流失率，成为企业的一笔巨大的无形资产。

（二）企业文化是企业发展创新的活力源泉

企业文化是企业制度和经营战略要求的反映，反过来，企业文化对企业制度安排及经营战略的选择具有反作用。思想是行为的先导，只有当员工从思想上愿意去干某项工作时，才有内在的积极性和主动性。而员工价值理念的不断创新，必然推动企业制度和经营战略的持续发展和创新。

二、企业文化是企业的精神支柱

改革开放以来，我们国家的各种非公有制企业发展起来。可是，有一个现象不容乐观。据有关机构研究发现，这些非公有制企业的平均寿命只有2.9年。是什么原因造成了这些企业如此短命呢？除了公司的经济实力，老板的经营水平，人才的能力情况等因素外，一个重要的原因就是企业没有文化底蕴，缺少灵魂，没有精神支柱。

（一）企业文化能激活人才潜能

如果说市场竞争中人才是关键，那么把人才凝聚起来并激励他们努力工作的关键是企业文化。企业文化的核心是"以人为本"。因为人是要生存的，要生存就有需求，企业要想搞好，就要在满足员工的需求方面下大功夫，让员工发自内心地为企业的付出"投桃报李"，迸发最大的工作激情，给企业创造出更好的效益，从而实现共赢。由此看来，企业文化在激活人才的动力和潜能方面起着灵魂般的作用。中国"海尔文化"激活"休克鱼"这个案例，就是最真实的写照。

（二）企业文化能促使企业可持续成长

企业可持续发展的关键是企业的核心价值观能与时俱进，不断创新。只有适应技术与社会环境的变化，才能使企业在激烈的市场竞争中不断成长和可持续地发展。反之，一个企业没有核心的价值取向，没有顺应社会发展的经营理念，最终将会被社会淘汰。例如，20世纪80年代，陕西省的知名电器企业黄河电器厂，生产的黄河彩电曾经一度畅销，但是由于管理落后，没有形成自己优秀的企业文化，不注重创新，最终在激烈的竞争中销声匿迹。

《企业文化——企业生活中的礼仪与仪式》一书中指出：一个组织的文化影响着公司的政策、决策公众活动，因而对企业的成功具有重大影响。企业文化影响决定着企业的兴衰成败。企业要立于不败之地，就要在环境变化中，使其发展战略、经营策略和管理模式方面及时做出相应的调整。此时，企业文化也要适应环境的复杂性和紧迫性所带来的挑战和压力，通过对企业主导价值观和经营理念的改革推动企业发展战略、经营策略的转变，使企业文化成为蕴藏和不断孕育企业创新与企业发展的源泉，从而形成企业文化竞争力。同仁堂就是一个很成功的例子。

同仁堂一贯坚持自己的企业文化并不断创新。同仁堂人的自律意识建立起了其文化质量观，历代同仁堂人恪守诚实敬业的品德，提出"修合无人见，存心有天知"的信条，制药过程严格依照配方，选用地道药材，从不偷工减料，以次充好。1989年，国家工商局将全国第一个"中国驰名商标"称号授予了同仁堂，使同仁堂成为全国中医药行业率先取得"中国驰名商标"称号的企业。

（三）企业文化能决定企业长期绩效

企业文化对企业绩效的影响有三点。

第一，企业文化会影响所有的利益相关者，包括员工、客户、供应商和其他利益相关者。企业的核心理念、愿景和价值会直接影响到员工，并通过企业产品和服务影响到企业所有利益相关者的价值判断。员工是企业绩效实现的核心利益相关者；客户是企业经济绩效的直接来源，企业的价值只有通过客户购买企业的产品或服务才能实现。其他利益相关者既参与价值创造活动，也会影响价值实现活动，他们受到的企业文化影响，最终会影响到企业的绩效。

第二，企业文化会在利益相关者之间进行价值传递，一个利益相关者的认同态度以及由此而来的行为会对其他利益相关者的态度产生直接的积极影响。

第三，企业利益相关者各方面均对企业绩效做出了贡献。企业绩效由经济绩效和社会绩效组成，但经济绩效是最根本的，只有经济绩效实现了，才能满足利益相关者各方面的需求，才能真正实现企业绩效。企业经济绩效为社会绩效提供基础，而社会绩效反过来可以促进经济绩效的增长。

企业文化对企业绩效的作用有以下四点：

第一，创造企业的凝聚力。当人致力于某种事业、任务或使命时，清晰明确的愿景可以使他们忘却自己的私利，淡化人与人之间的个人利益冲突，从而形成巨大的凝聚力。在实际的工作中，巨大的凝聚力可以使员工心往一处想，劲往一处使，创造出巨大的效率和效益。

第二，创造巨大的驱动力。清晰明确的愿景可以产生强大的驱动力，驱动员工产生追求愿景、实现愿景的勇气和信心，并使员工有着管理者的发展欲望、精神和激情，能更加精干、灵活和迅捷。

第三，开发无限的创造力。组织愿景是组织内全体员工发自内心的愿望。优秀的管理者常借机把愿景转化成员工个人努力的方向，而愿景一旦被转化成个人的努力方向，就会对员工产生长久的激励，使其积极努力，迸发出无限的创造力。反之，员工的创造激情就会随着时间的流逝而逐渐淡化。

第四，产生归属感和安全感，培养员工的奉献精神。

从企业文化角度分析，导致企业经营绩效差异的原因有三个方面：一是企业文化能使员工目标一致，企业文化为企业员工指明了努力的共同目标和明确方向，使员工步调一致，增强了凝聚力；二是良好的企业文化能营造出良好的工作氛围，能激发和调动员工的积极性和工作热情，充分发挥其潜能；三是建立在良好企业文化基础上的组织机构和管理体系，能够有效地避免官僚主义，促进有效沟通，从而促进企业经营绩效的持续增长。

任务二　分析职业道德与企业发展的关系

一、职业道德概述

说起道德，每个人应该都有自己的见解。"排雷英雄"杜富国，在执行扫雷任务时，用自己的身体保护战友，而自己却失去了双手双眼，人人竖起大拇指，认为他不仅道德高尚，而且英勇果敢；而"5·12"地震中，对把学生留在教室，自己先跑路的老师"范跑跑"，大家都摇摇头。

道德一词，在百度百科中的解释如下：道是指良好的选择，德是指习惯；道德，可以说是有良好选择的习惯，推广为被普遍认可的行为准则。关于良好的选择，打个比方，走路的时候看见地上有个可乐瓶，选择一，捡起来扔进垃圾桶；选择二，置之不理；选择三，走上去踢一脚。哪一个是被普遍认可的更好的选择呢？显然是第一个。而任何时候遇到任何情况，都能做出良好选择，这就是良好道德的体现。

职业道德，就是把这个普遍认可的行为准则放到职业活动的范畴中。广义的职业道德就是指人们在从事职业活动中应该遵循的行为准则。狭义的职业道德是指从事一定职业的人们在职业活动中应该遵循的，依靠社会舆论、传统习惯和内心信念来维持的行为规范的总和。它调节从业人员与服务对象、从业人员之间、从业人员与职业之间的关系。它是职业或行业范围内的特殊要求，是社会道德在职业领域的具体表现。如果是一名教师，那么在课堂上发生地震的时候，应该首先照顾学生的安危而不是自己先跑掉；如果是一名医者，那么在疫情侵袭湖北武汉，医护人员不充足的情况下，就应该"舍小家，为大家"奔赴疫情严重的地方去治病救人；如果是一名电力线路工，那么在用户遭遇故障停电的时候，无论刮风下雨，还是凌晨一点，都要第一时间赶到现场去查明故障的原因……这就是职业道德。

职业道德的特点是具有鲜明的职业性，有较强的适用性，内容和形式的多样性，较大的稳定性。

二、社会主义核心价值观与职业道德规范

（一）社会主义核心价值观

1. 社会主义核心价值观的提出

在党的十八大报告中，明确提出了倡导富强、民主、文明、和谐，自由、平等、公正、法治，爱国、敬业、诚信、友善的社会主义核心价值观。社会主义核心价值观从国家、社会以及个人的层面上提出了社会主义现代化建设新时期的价值目标和行为准则，是马克思主义中国化的最新理论成果。国家的发展离不开核心价值观的引领，当代企业要想在当前市场环境下获得竞争能力的提升，培育和践行社会主义核心价值观就显得极为重要。

社会主义核心价值观是社会主义核心价值体系的内核，体现社会主义核心价值体系的根本性质和基本特征，反映社会主义核心价值体系的丰富内涵和实践要求，是社会主义核心价值体系的高度凝练和集中表达。

党的十九大报告指出："文化自信是一个国家、一个民族发展中更基本、更深沉、更持久的力量。必须坚持马克思主义，牢固树立共产主义远大理想和中国特色社会主义共同理想，培育和践行社会主义核心价值观，不断增强意识形态领域主导权和话语权，推动中华优秀传统文化创造性转化、创新性发展，继承革命文化，发展社会主义先进文化，不忘本来、吸收外来、面向未来，更好构筑中国精神、中国价值、中国力量，为人民提供精神指引。"[1]"社会主义核心价值观是当代中国精神的集中体现，凝结着全体人民共同的价值追求。要以培养担当民族复兴大任的时代新人为着眼点，强化教育引导、实践养成、制度保障，发挥社会主义核心价值观对国民教育、精神文明创建、精神文化产品创作生产传播的引领作用，把社会主义核心价值观融入社会发展各方面，转化为人们的情感认同和行为习惯。坚持全民行动、干部带头，从家庭做起，从娃娃抓起。深入挖掘中华优秀传统文化蕴含的思想观念、人文精神、道德规范，结合时代要求继承创新，让中华文化展现出永久魅力和时代风采。"[2]

---

① 习近平：《决胜全面建成小康社会　夺取新时代中国特色社会主义伟大胜利——在中国共产党第十九次全国代表大会上的报告》，人民出版社，2017年，第23页。

② 习近平：《决胜全面建成小康社会　夺取新时代中国特色社会主义伟大胜利——在中国共产党第十九次全国代表大会上的报告》，人民出版社，2017年，第42页。

党的十九大报告指出，"人民有信仰，国家有力量，民族有希望。要提高人民思想觉悟、道德水准、文明素养，提高全社会文明程度。广泛开展理想信念教育，深化中国特色社会主义和中国梦宣传教育，弘扬民族精神和时代精神，加强爱国主义、集体主义、社会主义教育，引导人们树立正确的历史观、民族观、国家观、文化观。深入实施公民道德建设工程，推进社会公德、职业道德、家庭美德、个人品德建设，激励人们向上向善、孝老爱亲，忠于祖国、忠于人民。加强和改进思想政治工作，深化群众性精神文明创建活动。弘扬科学精神，普及科学知识，开展移风易俗、弘扬时代新风行动，抵制腐朽落后文化侵蚀。推进诚信建设和志愿服务制度化，强化社会责任意识、规则意识、奉献意识。"①

2. 社会主义核心价值观内涵

（1）国家层面：富强、民主、文明、和谐。

富强即国富民强，是社会主义现代化国家经济建设的应然状态，是中华民族梦寐以求的美好夙愿，也是国家繁荣昌盛、人民幸福安康的物质基础。

民主是人类社会的美好诉求。我们追求的民主是人民民主，其实质和核心是人民当家作主。它是社会主义的生命，也是创造人民美好幸福生活的政治保障。

文明是社会进步的重要标志，也是社会主义现代化国家的重要特征。它是社会主义现代化国家文化建设的应有状态，是对面向现代化、面向世界、面向未来的，民族的科学的大众的社会主义文化的概括，是实现中华民族伟大复兴的重要支撑。

和谐是中国传统文化的基本理念，集中体现了学有所教、劳有所得、病有所医、老有所养、住有所居的生动局面。它是社会主义现代化国家在社会建设领域的价值诉求，是经济社会和谐稳定、持续健康发展的重要保证。

（2）社会层面：自由、平等、公正、法治。

它反映了中国特色社会主义的基本属性，是我们党矢志不渝、长期实践的核心价值理念。

自由是指人的意志自由、存在和发展的自由，是人类社会的美好向往，也是马克思主义追求的社会价值目标。

平等指的是公民在法律面前的一律平等，其价值取向是不断实现实质平等。它要求尊重和保障人权，人人依法享有平等参与、平等发展的权利。

公正即社会公平和正义，它以人的解放、人的自由平等权利的获得为前提，是国家、社会应然的根本价值理念。

法治是治国理政的基本方式，依法治国是社会主义民主政治的基本要求。它通过法制建设来维护和保障公民的根本利益，是实现自由平等、公平正义的制度保证。

（3）个人层面：爱国、敬业、诚信、友善。

它覆盖社会道德生活的各个领域，是公民必须恪守的基本道德准则，也是评价公民道德行为选择的基本价值标准。

---

① 习近平：《决胜全面建成小康社会 夺取新时代中国特色社会主义伟大胜利——在中国共产党第十九次全国代表大会上的报告》，人民出版社，2017年，第42～43页。

爱国是基于个人对自己祖国依赖关系的深厚情感，也是调节个人与祖国关系的行为准则。它同社会主义紧密结合在一起，要求人们以振兴中华为己任，促进民族团结、维护祖国统一、自觉报效祖国。

敬业是对公民职业行为准则的价值评价，要求公民忠于职守，克己奉公，服务人民，服务社会，充分体现了社会主义职业精神。

诚信即诚实守信，是人类社会千百年传承下来的道德传统，也是社会主义道德建设的重点内容，它强调诚实劳动、信守承诺、诚恳待人。

友善强调公民之间应互相尊重、互相关心、互相帮助，和睦友好，努力形成社会主义的新型人际关系。

（二）职业道德规范

1. 道德规范

道德规范是对人们的道德行为和道德关系的普遍规律的反映和概括，是社会规范的一种形式，是从一定社会或阶级利益出发，用以调整人与人之间的利益关系的行为准则，也是判断、评价人们行为善恶的标准。它是在人们社会生活的实践中逐步形成的，是社会发展的客观要求和人们的主观认识相统一的产物。

公民基本道德规范：爱国守法、明礼诚信、团结友善、勤俭自强、敬业奉献。

社会公德规范：文明礼貌、助人为乐、爱护公物、保护环境、遵纪守法。

职业道德规范：爱岗敬业、诚实守信、办事公道、服务群众、奉献社会。

家庭美德规范：尊老爱幼、男女平等、夫妻和睦、勤俭持家、邻里团结。

个人品德规范：为人正直、对人友善、诚实守信、待人宽容、自立自强。

2. 职业道德规范

所谓职业道德规范，是指从事某种职业的人们在职业生活中所要遵守的标准和准则。

《中华人民共和国公民道德建设实施纲要》中明确指出："要大力倡导以爱岗敬业、诚实守信、办事公道、服务群众、奉献社会为主要内容的职业道德，鼓励人们在工作中做一个好建设者。"因此，我国现阶段各行各业普遍适用的职业道德的基本内容，即"爱岗敬业、诚实守信、办事公道、服务群众、奉献社会"。

（1）爱岗敬业。

通俗地说就是"干一行爱一行"，它是人类社会所有职业道德的一条核心规范。它要求从业者既要热爱自己所从事的职业，又要以恭敬的态度对待自己的工作岗位，爱岗敬业是职责，也是成才的内在要求。

所谓爱岗，就是热爱自己的本职工作，并为做好本职工作尽心竭力。爱岗是对人们工作态度的一种普遍要求，即要求职业工作者以正确的态度对待各种职业劳动，努力培养热爱自己所从事工作的幸福感、荣誉感。

所谓敬业，就是用一种恭敬严肃的态度来对待自己的职业。任何时候用人单位只会倾向于选择那些既有真才实学又踏踏实实工作，持良好态度工作的人。这就要求从业者只有养成干一行、爱一行、钻一行的职业精神，专心致志搞好工作，才能实现敬业的深层次含义，并在平凡的岗位上创造出奇迹。一个人如果看不起本职岗位，心浮气躁，好高骛远，不仅违背了职业道德规范，而且会失去自身发展的机遇。虽然社会职业在外部表现上存在差异性，但只要从业者热爱自己的本职工作，并能在自己的工作岗位上兢兢业业工作，终会有机会创出一流的业绩。

爱岗敬业是职业道德的基础，是社会主义职业道德所倡导的首要规范。爱岗就是热爱自己的本职工作，忠于职守，对本职工作尽心尽力；敬业是爱岗的升华，就是以恭敬严肃的态度对待自己的职业，对本职工作一丝不苟。爱岗敬业，就是对自己的工作要专心、认真、负责任，为实现职业上的奋斗目标而努力。

相关阅读：

把黑墨水当成了红糖水

陈望道就住在陈宅旁破陋不堪的柴屋中，里面有一块铺板和两条长凳，既当书桌又当床。时值早春天气，还相当寒冷，到了夜晚，刺骨的寒风透过四壁漏墙向他袭来，冻得他手足发麻。陈望道的一日三餐和茶水等，常常由母亲给他送过来。

为了让陈望道补补身子，有一次，母亲特地弄来糯米，包了粽子送来给他吃，还加上一碟当地盛产的红糖。过了一会儿，母亲在屋外高声问他，还要不要再添些红糖，他连声答话："够甜够甜了。"待母亲进来收拾碗碟，只见他满嘴的墨汁，不由得哈哈大笑。原来，陈望道专心致志地译书，竟把墨汁当作红糖蘸着吃粽子，自己却全然不觉。

就这样，陈望道以平时译书的五倍功夫进行翻译，一盏昏暗的煤油灯，伴随着他送走了无数个漫长的寒夜，迎来了黎明前绚丽的曙光。1920年4月下旬，陈望道终于在分水塘完成了《共产党宣言》的中文翻译工作。

相关阅读：

年轻的专家 郑伟烁

2021年2月24日，从国际电工委员会（IEC）官网获悉，29岁的国家电网公司员工郑伟烁入选IEC带电作业技术委员会防护设备工作组（IEC/TC78/WG13）。郑伟烁是该工作组内唯一的中国专家。郑伟烁所在的国网浙江电力浙江华电检测院多年来在电力器材、作业安全防护等领域的研究、试验和应用方面取得了一系列成绩。本次入选IEC带电作业技术委员会防护设备工作组，是郑伟烁继入选3个IEEE标准工作组、参与ISO标准提案申报草案编写工作后的又一次突破。郑伟烁经常自己在实验室里埋头做研究。在别人看来，他有点不修边幅——常常连胡子都不刮干净。但也正是由于对工作的全身心投入，郑伟烁才能在开展国际作业安全防护及带电作业现状和需求分析的过程中，敏锐发现国际标准空白点，推进中国电力器材和作业安全防护器具的技术标准国际化。

根据上述事例展开以下讨论：

大学生应当怎样培养爱岗敬业的职业道德？在成为新员工后，应在哪些方面努力发扬爱岗敬业的精神？

（2）诚实守信。

诚实就是实事求是地待人做事，不弄虚作假。在职业行为中最基本的体现就是诚实劳动。每一名从业者，只有为社会多工作、多创造物质或精神财富，并付出卓有成效的劳动，社会所给予的回报才会越多，即"多劳多得"。

"守信"，要求讲求信誉，重信誉、信守诺言。要求每名从业者在工作中严格遵守国家的法律、法规和本职工作的条例、纪律；要求做到秉公办事，坚持原则；要求做到实事求是、信守诺言，对工作精益求精，注重产品质量和服务质量，并同弄虚作假，坑害人民的行为进行坚决的斗争。

相关阅读：

《那年花开月正圆》中的血竭事件

电视剧《那年花开月正圆》讲述了陕西女首富周莹的传奇故事。在剧中有这样一个桥段：在吴家和沈家竞价争取朝廷的膏药订单的时候，由于膏药当中要求有一味"血竭"，导致成本很高，成为竞争中一道绕不过的坎。早年在吴家当丫头的机灵鬼儿周莹学了些药理知识，建议吴老爷用同样具有止血作用且价格低廉的杜鹃花叶子代替血竭，就可以大大降低成本。这时候吴老爷思考片刻只说出了一个"滚"字，接着对管家说："订单丢了就丢了，但是也不能造假啊！"

根据上述事例展开以下讨论：

①吴老爷为什么不采纳周莹的建议？

②从这个案例中，我们认识到制药从业者应该具备怎样的职业道德？

（3）办事公道。

所谓办事公道是指从业人员在办事情处理问题时，要站在公正的立场上，按照同一标准和同一原则办事的职业道德规范。即处理各种职业事务要公道正派、不偏不倚、客观公正、公平公开。对不同的服务对象一视同仁、秉公办事，不因职位高低、贫富亲疏的差别而区别对待。办事公道是在爱岗敬业、诚实守信的基础上提出的更高一个层次的职业道德的基本要求。办事公道需要有一定的修养基础。

公平、公正是几千年来为人所称道的职业道德。人是有尊严的，人们都希望自己与别人一样受到同等的对待，企盼在法律面前人人平等，自古就有"王子犯法与庶民同罪"的说法。因此人们一直歌颂那些秉公办事，不徇私情的清官明主。如宋朝的包拯，家喻户晓，老少皆知。古人云："治世之道为在平、畅、正、节。天下为公，众生平等，机会均等，一视同仁；物尽其力，货畅其流，人畅其思，不滞不塞；上有正型，下有正风，是非分明，世有正则；张弛疾徐，轻重宽平，皆有节度。"不平行便不平衡，不平衡则人心不平。人心不平便失去社会安定；不通畅便存在蒙蔽、隔膜、压抑；不公正便失去原则，失去是非、失去信任；没有节度，便失去控制，泛滥成灾，从这里可以看到平等原则的重要性。

当前我们正处于市场经济的大潮中，市场经济中有平等互利原则，这体现了买卖双方的平等地位，因此在经济领域中是要求处事公平、办事公道。

（4）服务群众。

服务群众是指听取群众意见，了解群众需要，为群众着想，端正服务态度，改进服务措施，提高服务质量。做好本职工作是服务人民群众最直接的体现。而提升服务质量和水平，那就需要从业人员不断以高标准、严要求来履职尽责。

说到服务群众，很多人立刻就会想到一个名字：雷锋。雷锋同志一生心中有爱，他向上的积极心态和向善的价值追求是我们学习的榜样，激励着我们凝聚爱的力量，以赤子之心真诚付出，回馈社会。多少年过去了，雷锋的精神一直被我们传诵。每年的3月5日是学雷锋纪念日，通过纪念日开展各种服务工作，要让更多人知道：雷锋精神，人人可学，奉献爱心，人人可为。

相关阅读：

共产党员服务队队长刘源

国家电网有限公司作为一家国有企业，一直以"人民电业为人民"为企业宗旨，在服务人民群众的道路上不断探索前进。在公司各单位众多的党员服务队中，感人的故事频频发生。

国家电网四川电力（成都）连心桥共产党员服务队队长刘源作为一名基层电力员工，多年来恪守党员服务队"有呼必应，有难必帮"的承诺，全身心投入到日常抢修、社区服务、扶贫帮困等工作中，始终坚持"模范引领、善小而为、创新驱动"，为需要帮助的人们送去了光明和温暖，展现了电力人的大爱与担当。据不完全统计，刘源和他的队友们累计为群众提供上门服务60余万次，联系困难户近2万户。细心的刘源还发现，他所帮扶的老人大多年事高、听力差，经常听不到门铃。刘源利用自己的专业知识，发明了一种能够发光提醒的电动门铃，安装在老人们的家中，"爱心闪灯门铃"目前已经亮在辖区数百户老人的家中。除了帮助辖区内的困难群众，刘源每年都要和队友们在邛崃、大邑等20多所川电留守儿童之家开展志愿服务。用贴心的服务和无私的奉献，为需要帮助的人们点亮了"一盏盏灯"，送去了光明与温暖。

人的生命是有限的，可是，为人民服务是无限的，我要把有限的生命，投入到无限的为人民服务之中去。（雷锋）

（4）奉献社会。

奉献社会是社会主义职业道德的最高境界和最终目的，是职业道德的出发点和归宿，是每个从业者职业道德修养最终目标。奉献社会就是要履行对社会、对他人的义务，自觉地、努力地为社会、为他人做出贡献。它强调的是一种忘我的全身心投入精神，当一个人专注于某项事业时，他关注的是这一事业对于人类、对于社会的意义。他为此而兢兢业业，任劳任怨，不计较个人得失，甚至不惜献出自己的生命，这就是伟大的奉献社会精神。

如何做到奉献社会呢？

①要立足本职，尽职尽责。奉献社会不仅有明确信念，而且有崇高的行动。奉献是一种精神，但是只有把这种精神落实到行动上，躬行实践，才能作出有益于社会和他人的奉献来。最有效的途径，就是自觉主动地在本职岗位上恪尽职守，尽职尽责，有一分热，发一分光。

当然，从"尽职"到"奉献"还有一个不断升华的过程。但是，尽职尽责毕竟是引导人们走向无私奉献的"起点"。从"讲责任"到"讲奉献"的质的飞跃，是一条被实践证明行之有效的通途。伟大出于平凡，尽职尽责看似简单，要做好却很难。尤其是十几年如一日的尽职尽责，更是难上加难。

②要树立正确的义利观。"义"即道义，是指人们的思想和行为符合一定的道德标

准或原则；"利"即功利，是指人们的各种利益，特别是物质利益。我们要坚持义利统一观。

首先，肯定物质利益的作用。其次，反对见利忘义、唯利是图。最后，把国家、集体利益放在首位。总之，新的科学的义利观，把"义"放在首位，既反对见利忘义、重利轻义的思想和行为，又反对离利谈义、重义轻利的道德说教，它要求把道义的价值和功利的价值统一起来，也就是"以义导利、义利统一"的道德价值观。

坚持社会主义义利观需要正确认识和处理以下几种关系：一是坚持个人利益与国家、人民利益的统一，坚持国家和社会利益高于个人利益；二是坚持物质追求与精神追求的统一，用高尚的精神追求去引导物质追求；三是坚持求利目的与求利手段的统一，必须"以义导利""取财有道"，而不能"见利忘义"，要把求利手段升华为通过合法经营、诚实劳动去实现个人利益的自觉行为，升华为自立自强的敬业精神。

③正确处理奉献与获得的关系。奉献是指个人劳动对社会利益的增益，索取是指个人向社会提出的补偿性或回报性要求。多数人与社会的关系都包含了奉献与索取两个方面，差别仅在于两者的比值有大有小。

那些奉献社会的职业劳动者，使社会利益正向增长，他的人生就超出了个人生命的局限，具有了广泛的恒久的社会意义，获得了升华。相反，一味索取，"拔一毛利天下而不为"的人，最终会成为社会的弃儿，他的生活也就黯然失色，他的人生也就失去了社会价值和尊严。

就整个社会看奉献与获得的关系，人们的奉献大于获得，只有在社会提供的物质产品和精神产品，满足人们生存需要后还有节余，社会才可能进一步发展。

可见，奉献是社会发展对每一个有劳动能力公民的客观必然要求。所以，职业劳动者在处理奉献与获得的关系时，要坚持获得来自奉献，奉献是获得的前提。

④关心社会公益事业，为社会公益事业贡献一份力量。奉献社会不只是一句口头禅，它应该落实在行动上。当别人有困难的时候，我们能伸出援助之手，有钱的出钱，有力的出力，帮困难者渡过难关；当祖国和人民需要我们的时候，我们能挺身而出，甘愿为祖国、为人民献身。

拓展阅读：

为做好"六稳""六保"提供可靠电力支撑

（以下是节选自 2020 年 10 月 10 日人民网访国家电网有限公司时任董事长毛伟明的采访报道）

今年以来，面对复杂严峻的国内外形势，一家家中央企业勇于担当、顽强拼搏，带头推进复工复产，努力促进经济社会秩序恢复正常，为做好"六稳""六保"工作、稳住经济基本盘作出了重大贡献。

构建新发展格局，作为我国能源电力行业龙头央企的国家电网将如何作为？记者采访了国家电网有限公司董事长毛伟明。

记者：面对突如其来的疫情，国家电网公司在做好"六稳"工作、落实"六保"任务方面做了哪些工作？

毛伟明：电力是国民经济的基础性产业，"托底"与"先行"功能兼备。疫情防控关键阶段，国家电网全系统日均投入 10 万人，创造了三天三夜为武汉雷神山医院通电、五天五夜为武汉火神山医院通电、37 小时为武汉最大方舱医院通电的"国网速度"。火神山医院供电工程中，我们的员工为了连夜吊装 4 台 10 千伏环网柜，跳进冰冷刺骨的深水泥坑中敷设电缆，穿着湿透的泥衣战斗到凌晨三点。

除了保供电，我们还通过许多实际行动践行了"人民电业为人民"的企业宗旨。"快复工"——累计出台 5 批 42 项措施支持疫情防控及供电服务保障，以电网率先复工带动全社会恢复生产，到 3 月中旬，除湖北省外的在建项目全部复工复产，带动电气装备制造、原材料制造等上下游企业快速跟进。"稳就业"——主动采取扩招稳就业措施，提供就业岗位 4.62 万个，比去年增长 40%，并优先考虑高校毕业生、贫困地区劳动力等重点群体。"补短板"——实施百日攻坚，全面完成经营区域"三区三州"、抵边村寨等电网建设任务，让 198 个贫困县的 1777 万居民实现了从"用上电"到"用好电"的转变。

记者：您如何看待构建新发展格局的背景和意义？国家电网将如何把握机遇、创新发展？

毛伟明：加快形成以国内大循环为主体、国内国际双循环相互促进的新发展格局，是根据我国发展阶段、环境、条件变化作出的战略决策，也为企业带来了重大责任和宝贵机遇。我们将坚决贯彻落实习近平总书记提出的"四个革命、一个合作"能源安全新战略，把确保电网安全运行和可靠供电作为重中之重，力争让电网更智能、让能源更绿色、让用能更美好。主要是做好以下几点：

发挥基础保障作用，为经济发展积蓄基本力量。一是强电网、扩投资，聚焦特高压、充电桩、新基建等领域，将全年固定资产投资增至 4600 亿元，预计带动社会投资超过 9000 亿元，整体规模将达到 1.4 万亿元。预计"十四五"时期，电网及相关产业投资将超过 6 万亿元。二是降电价、优环境，贯彻执行国家降电价政策，预计全年减免电费约 926 亿元，同时，持续优化电力营商环境，提高办电效率和服务水平。三是促转型、绿色化，多措并举促进清洁能源发展，确保全年水电、风电、太阳能发电利用率达到 95% 以上；充分挖掘电能替代潜力，力争实现替代电量 1900 亿千瓦时，这差不多相当于三峡电站两年的发电量。

发挥创新引领作用，保障电力产业链供应链稳定。无论形势多复杂，只要坚持创新，就能赢得发展主动权。最近，我们召开了近 10 万名职工参加的科技创新大会，全面部署实施"新跨越行动计划"，力争从根本上解决关键核心技术受制于人的问题。下一步，我们将聚焦国家战略需要，持续加大研发投入力度，预计到 2025 年累计将超过 800 亿元，还要在电力系统基础理论、运行控制技术等重点领域创造更多"从 0 到 1"的原创成果。

分析与思考：

(1) 结合案例，谈一谈从采访报道中你看到了国有企业的什么责任和担当。

(2) 有人说"企业的根本目标是为了赚钱"。那么"降电价"这个举措如何解读？

(3) 分组讨论以上采访报道给即将进入职场或初入职场的你什么启示。

三、员工的素质与企业发展的关系

现代企业员工素质主要是指员工的基本素质、专业素质和政治素质所构成的员工综合素质。其中，基本素质指员工自身所具备的文化知识、语言、思想、判断能力、心理承受能力、自我约束能力和健康的身体；专业素质指员工在所从事的专业岗位上，具备的专业理论、专业技术、专业技能以及创新意识、创新能力；政治素质指员工的思想政治品质和职业道德品质。三者是相辅相成的关系：提高员工基本素质，是推动企业发展的根本保证；提高员工专业素质，是推动企业发展的动力；提高员工政治素质，是企业树立良好形象的关键。战国时荀况曾说，积土成山，风土兴焉；积水成渊，蛟龙生焉；积善成德，而神明自得，圣心备焉。故不积跬步，无以至千里；不积小流，无以成江河。高尚的道德人格和道德品质，不是一夜之间能够养成的，它需要一个长期的积善过程。

（一）身体和心理素质

身体和心理素质是一个人在社会上工作、生活的立足之本。健康的体魄是保证工作正常进行的前提，而心理素质更是决定了一个人一生的趋向。工作中，心理素质较好的人会冷静地、泰然地处理各类人际关系使其保持和谐状态。人际关系的和谐缔造了工作环境的优良，从而增强企业凝聚力，更好地推动企业发展。

（二）集体观念

集体观念就是要强化对于集体的存在、集体中制度的约束、集体与个人之间的所有关系等这些基本问题的认识，真正从根源上使员工认识到企业的发展能促进自身的发展，企业的利益关系着自身的利益。认清这些问题，可以使员工逐渐提高自我管理、自我促进的能力，从而让员工迸发出持久的工作热情，使企业充满活力。从理论分析的角度和实践中可以看出，员工素质的高低取决于员工集体观念、职业道德的高低。有了良好的组织意识和职业意识，素质再"低"的员工也会产生巨大的工作能量。

任正非曾说："华为公司有什么呢？连有限的资源都没有，但是我们的员工都很努力，拼命地创造资源。真正如国际歌所唱的，不要说我们一无所有，我们是明天的主人。'从来就没有什么救世主，也不靠神仙皇帝，全靠我们自己'。八年来的含辛茹苦，只有我们自己与亲人才真正知道。一声辛苦了，会使人泪如雨下，只有华为人才真正地理解它的内涵。活下来是多么的不容易，我们对著名跨国公司的能量与水平还没有真正的认识。现在国家还有海关保护，一旦实现贸易自由化、投资自由化，中国还会剩下几个产业？为了能生存下来，我们的研究与试验人员没日没夜地拼命干，拼命地追赶世界潮流，我们有名的垫子文化，将万古流芳。我们生产队伍，努力进行国际接轨，不惜调换一些功臣，也决不迟疑地坚持进步；机关服务队伍，一听枪声，一见火光，就全力以赴支援前方，并不需要长官指令。为了点滴的进步，大家熬干了心血，为了积累一点生产的流动资金，到 1998 年，98.5% 的员工还住在农民房里，我们许多博士、硕士，甚至公司的高层领导还居无定所。一切是为了活下去，一切是为了国家与民族的振兴。世界留给我们的财富就是努力，不努力将一无所有。"

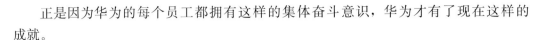

正是因为华为的每个员工都拥有这样的集体奋斗意识，华为才有了现在这样的成就。

（三）业务素质

业务素质是指员工在企业组织中从事职业技术工作应具备的知识水平和业务技术能力。它包括员工的专业理论知识、专业实践能力以及专业知识能力的表达、沟通、运用和创新。员工业务素质的提高是企业发展的关键问题。

（四）政治素质

政治素质一般是指对我国的民族、阶级、政党、国家、政权、社会制度和国际关系具有正确的认识、立场、态度、情感，以及与此相适应的行为习惯。员工政治素质是企业政治意识的基础，员工对民族、国家认同度越高，其履行民族、国家、社会责任的意识也越强。员工政治素质水平的高低对企业文化价值观的实现程度有决定作用。

（五）责任意识

员工责任意识的确立，是企业成熟的价值观表现。企业是社会组织，是构成社会的基本元素，企业的总体目标是社会发展目标的一部分。持续的创造财富，推动生产力的发展，和谐的处理企业与自然，与社会的关系，是企业的使命和责任，也是企业发展的第一要务。

相关阅读：

2008年中国奶制品污染事件（或称2008年中国奶粉污染事故、2008年中国毒奶制品事故、2008年中国毒奶粉事故）是中国的一起食品安全事故。事故起因是很多食用三鹿集团生产的奶粉的婴儿被发现患有肾结石，随后在其奶粉中被发现化工原料三聚氰胺。三聚氰胺事件爆出后，曾以18.26%的市场份额领跑国内奶粉市场的乳业巨头三鹿随之陨落，全行业亦陷入质量泥沼。受此牵连，包括伊利、圣元、雅士利在内的国产奶粉企业遭遇业绩危机。2008年，蒙牛亏损9.49亿元，光明亏损2.86亿元，伊利亏损更高达16.87亿元，成为三聚氰胺事件中亏损最严重的中国乳品上市企业。

企业员工只有主动地履行责任使命，确立和谐发展的价值取向，才能使企业在发展中坚持节约资源，与环境友好相处，才能使企业担当起社会发展中应有的责任与使命，避免再次出现三聚氰胺这样的事件。

四、职业道德建设与员工素质的重要关系

员工的职业道德素质可以理解为员工在工作过程中对自身价值的认定。一个人在社会上生存要满足两种需求，一是人生存的基本需要即温饱问题；二是精神层次的需求也就是自身价值被社会、他人认可，它是每个人能动作用发挥的主要支点。常言说的"誓为知己者死"就是对认可自身价值后呈现的行为感激的最古老的写照。自身价值可以包括对企业报酬与自身工作的对比，自身知识、资源的运用，工作中的努力程度，与先进分子的比较，等等。而只有具备良好的职业道德素质的人，才能具有岗位责任心、集体荣誉感等这些比技能性操作更高层次的素质。也只有具备良好道德素质的人能够去积极主动学习实际操作技能，胜任本职工作。他们值得信赖，能够让企业健康、强壮地发展。

对企业来说，着力员工职业道德建设，是贯彻党中央在我国社会经济步入新的发展时期提出的"以德治国"的治国方略的重要任务。提高全民族道德素质，建立与发展社会主义市场经济相适应的社会主义道德体系，已成为我们当前面临的一项重要而紧迫的任务，这将直接影响到社会主义道德体系建设的进程。随着社会主义经济体制改革的建立和完善，世界经济全球化步伐的加快，企业将面临残酷的竞争，威胁也越来越大。职工的职业道德素质，无法适应国际企业竞争的需要将导致企业没有竞争力。为此，加强职业道德建设，提高企业管理人员和广大职工的整体素质，造就一支适应国际竞争需要的专业队伍刻不容缓。

因此，企业加强职工职业道德建设是提升员工整体素质的重要举措，也是提升企业活力，调动员工主动性，促进企业健康发展，跟上世界经济全球化步伐的重要途径。

任务三　分析企业文化与职业道德的关系

一、企业文化蕴涵职业道德

企业文化是一个企业思想和精神动力的基础，是企业的核心价值观。实践使我们深刻地认识到职业道德与企业文化和谐就是这一基础中的根基。企业文化中鲜明地蕴含着职业道德，职业道德属于企业文化中的一个重要组成部分。

相关阅读：

摩托罗拉的报账程序

摩托罗拉公司有这样的报账程序：把自己发生的票据填好，封好，扔到箱子里（专门的箱子），不用主管签字，财务核对一下是真的票据，下个月自动把钱打到你账上。

你是不是觉得很奇怪，不需要主管或者别的领导审核吗？其实这就是对人保持不变的尊重，这也是摩托罗拉公司的特色企业文化。摩托罗拉公司这样做，不会被人投机取巧吗？这就需要高尚的操守来约束。你今天偷报100元，明天偷报200元，后天偷报1000元，你可以这么做，但是在摩托罗拉一年有两次审计，一旦你被发现道德存在问题，只有两个字：走人！哪怕是一分钱，因为你不是多拿了一分钱的问题，而是你损害了企业的道德，这就叫作坚持高尚的职业操守。

这个案例表明，企业文化和职业道德培育相辅相成，职业道德是社会道德在企业活动中的具体体现，是职工在履行本职工作时必须遵循的包括信念、习惯、传统等诸多因素在内的道德要求。高尚的职业道德有助于企业的长久发展。

二、职业道德营造良好的企业文化

职业道德能够调节职业交往中从业人员内部以及从业人员与服务对象间的关系。它的这种功能能够促进职业内部人员的团结与合作，如职业道德规范要求各行各业的从业人员都要团结、互助、爱岗敬业、齐心协力地为发展本行业、本职业服务，从而促进企业的发展。

职业道德有助于维护和提高本行业的信誉，从而促进本行业的发展。

职业道德有助于提高全社会的道德水平。职业道德是整个社会的主要内容，员工的价值观、道德观、责任感、思维方式等深层次的企业文化因素，恰恰是企业形象的最终决定力量。职业道德一方面涉及每个从业者如何对待职业，如何对待工作，同时也是一个从业人员的生活态度、价值观念的表现，是一个人的道德意识、道德行为发展的成熟阶段，具有较强的稳定性和连续性。如果每个行业，每个职业集体都具备优良的道德，对整个社会道德水平的提高肯定会发挥重要作用。

相关阅读：

在青岛海尔集团刚刚生产出滚筒洗衣机的时候，广东潮州有一位用户给海尔总裁张瑞敏写了一封信，信上说，在广州看到了这种洗衣机，但是在潮州却没有，希望张瑞敏能帮助他弄一台。于是，张瑞敏派驻广州的一位员工把一台滚筒洗衣机通过出租车送到潮州去。当出租车行驶到离潮州还有两公里的地方时，因手续和证件不全，被检查站扣住了，最后员工带着洗衣机下了出租车。这位员工在路中试图截车都没有成功，不得已，这位员工在38度的高温下，自己背着这台75公斤重的洗衣机上路，结果走了近3个小时才把洗衣机送到用户家里，用户还一直埋怨他来得太晚。这位员工没有吭声，立即给用户安装好了洗衣机。后来，这位用户得知了事情的真相，非常感动，就给《潮州日报》写了一篇稿子。《潮州日报》围绕这件事展开了很长时间的讨论。海尔集团因此获得了巨大的社会声誉。

分析与思考：

（1）海尔集团已建立了与国际接轨的星级一条龙服务，即售前—售中—售后—回访—开发—制造，以"用户的烦恼减少到零"为服务目标。上述案例中，体现了海尔职工怎样的职业道德？这种职业道德，与公司的服务目标有着怎样的联系？

（2）作为当代新青年，请阐述你认为应当具备怎样的能力素质步入职场。

（3）试结合模块二所学内容举例说明员工的职业道德素养与企业文化之间有怎样的关系。

模块三　企业物质文化分析及实践

导　　读：

在企业文化结构中，物质文化处于表层（第一层），也叫企业文化的物质层，是指由职工创造的产品和各种物质设施等构成的器物文化，是一种以物质形态为主要研究对象的表层企业文化，是企业文化其他层面的外现。相对核心层而言，它是容易看见、容易改变的，是核心价值观的外在体现。企业物质文化是企业文化的重要组成部分，是整个企业文化的物质基础，也是企业生存发展的前提要素，对于企业具有举足轻重的价值和意义。物质文化一方面要受企业行为文化、制度文化、精神文化的制约，具有从属性、被动性；另一方面又是人们感受企业文化存在的外在形式，具有形象性和生动性。它对社会而言是评价企业总体文化的起点。人们通过物质文化来了解企业的行为文化和精神文化，优秀的物质文化能够营造良好的企业形象，使员工产生成就感、自豪感，强化员工对企业的忠诚度，也能使员工有安全感和舒适感，激发员工的向心力、凝聚力，从而为企业的发展带来促进作用。

学习目标：

（1）能了解企业物质文化的含义和具体内容。

（2）能了解企业物质文化建设原则。

（3）企业物质文化内容解析。

（4）能掌握电网企业物质文化及特征。

情景导入：

家喻户晓的"肯德基爷爷"

一身白色西装、皮鞋、满头白发，再配上古董粗框眼镜，如果这样的描述还无法让你认出他，再加上"炸鸡"这个关键词，一定能很快联想到世界知名的炸鸡快餐始祖——肯德基爷爷（如图 3－1 所示）。1955 年，65 岁的桑德斯正式创立"肯德基"，到 1964 年，桑德斯自己成为品牌代言人。时至今日，"肯德基爷爷"亲切慈祥、友爱欢乐的形象风靡全球，深入人心，他的肖像在肯德基的门店及产品包装上随处可见。看到亲切的"肯德基爷爷"，人们自然地就会想起汉堡、薯条、炸鸡等美味可口的菜肴，在小朋友的心目中，大概也只有麦当劳叔叔和圣诞老人能与肯德基爷爷的地位一较高下。

2019 年 4 月 11 日社交媒体上公布了创始人桑德斯上校（常被称为"肯德基爷爷"）新形象（如图 3－2 所示），这是使用电脑生成的 CG 图像。新形象上的"肯德基爷爷"看起来英气逼人，青春气息十足，和先前的慈祥面容走了完全不同的路线。你可能很难想象，那个笑容和蔼的"肯德基爷爷"变成了展示腹肌、文身的帅气小伙，尽管他仍然长着一头银发。桑德斯上校的肖像画一直以来都印在肯德基商品的外包装上，同时也成了肯德基集团的一个商标。这位"肯德基爷爷"亦是肯德基的吉祥物。

图 3-1　肯德基旧版形象

图 3-2　肯德基新版形象

思考："肯德基爷爷"这一形象对肯德基有何重要意义？其成功的秘诀是什么？

任务一　认识物质文化

一、企业物质文化的含义和具体内容

　　企业物质文化即企业文化的物质层，是企业形象的轮廓和骨架，是指由企业职工创造的产品和各种物质设施等构成的器物文化，是一种以物质形态为主要研究对象的表层企业文化，是企业文化其他层面的外现。企业物质文化是企业文化的重要组成部分，是整个企业文化的物质基础，也是企业生存发展的前提要素，对于企业具有举足轻重的价值和意义。

二、企业物质文化的体现

　　物质文化是企业文化建设的一个重要环节，是企业文化建设的重要内涵。有专家认为，物质文化的基本定义是：反映人与自然的物质转换关系的物质文化，是由"物化的知识力量"所构成，包括人类对自然加工时创制的各种器具，是可触知的具有物质实体的文化事物，即人们的物质生产活动方式和产品的总合。物质文化不单指"物质"，更重要的是强调一种文化或文明状态。物质文化是企业文化外在形象的具体体现，包括产品设计、产品质量、厂容厂貌、员工服饰。物质文化是为了满足人类生存和发展需要所创造的物质产品及其所表现的文化，包括饮食、服饰、建筑、交通、生产工具以及乡村、城市等。物质文化是由各种元素组成的一个复杂的体系。这个体系中的各部分在功能上互相依存，在结构上互相联结，共同发挥社会整合和社会导向的功能。

拓展阅读：

中国电信，世界触手可及

新的中国电信企业标识整体造型简约、线条流畅、有动感，以中国电信的英文首个字母C的趋势线进行变化组合，张开的双臂，又似充满活力的牛头和振翅飞翔的和平鸽，具有强烈的时代感和视觉冲击力，传递出中国电信的自信和热情，象征着四通八达、畅通、高效的电信网络连

图3-3　中国电信企业标志

接着每一个角落，服务更多的用户，也强烈表达了中国电信"用户至上，用心服务"的服务理念，体现了与用户手拉手，心连心的美好情感。同时也蕴含着中国电信全面创新，求真务实，不断超越的精神风貌，展现了中国电信与时俱进、奋发向上、蓬勃发展，致力于创造美好生活的良好愿景。

标识以代表高科技、创新、进步的蓝色为主色调。文字采用书法体，显得有生命力、感染力与亲和力，与国际化的标识相衬，使古典与现代融为一体、传统与时尚交相辉映。

思考题：

请举例说明身边看到的企业物质文化现象，并加以评论，说说这样的物质文化对员工、对企业、对社会有什么作用？

任务二　企业物质文化的内容及建设

情景导入：

京东是中国目前最大的自营式电商企业，旗下品牌种类繁多，2014年京东在纳斯达克挂牌，成为中国第三大互联网上市公司，仅次于腾讯和百度。

图3-4　京东企业标志

刘强东曾提到过，失去用户，你就失去了一切。毋庸置疑，在京东发展的20年里，它也确实为此做出许多努力。在金融保险上，始终坚持以用户需求为先，以"懂你现在，保你未来"为主张，不断开发新功能，用科技能力为用户提供优质、全面的保险服务和风险管理预防；在物流配送上，211限时达、极速达、京准达、夜间配多种配送方式并存，甚至多个市区能够做到当日达，目的是让客户快速有效地收到自己的产品，提高客户的愉悦程度；在支付货款上，京东是电子商务行业内第一个支持货到付款的企业，为客户提供上门服务，让消费者真正做到足不出户购买产品；在供应链运作上，与合作商协商洽谈，不断降低供应链成本，提高供应链运作效率，认识到只有供应链上的各个环节的成本降低，转嫁给消费者成本才会降低，最终实现"三赢"的局面。

一、物质文化的内容

我们将企业物质文化的主要内容总结为以下9点：（1）企业标识，包括企业名称、标志、标准字、标准色、吉祥物等，这是企业物质文化的最集中的外在体现。（2）企业外貌、自然环境、建筑风格、办公室和车间的设计与布置方式、绿化美化情况、污染的治理，等等。作为一种物质的存在，企业的各种建筑物对企业成员的影响很大。比如，在一个破旧不堪的厂房工作和在一间高档写字楼里工作，人的感受是明显不同的。此外，车间或者宿舍的管理水平如何，对员工行为养成的影响也很大，所有企业生产管理中十分倡导6S。（3）产品及其特色、式样、外观和包装以及售后服务，产品的这些要素是企业文化的具体反映。作为生产型企业来说，主要的物质文化建设方式就是企业产品形象的设计、展示以及顾客对其感知。而作为服务型企业来说，经营场所、服务用具等的设计及其管理，都是物质文化建设的要素。（4）技术工艺设备及其特性。（5）厂徽、厂旗、厂歌、厂服、厂花。（6）企业的文化体育生活设施。（7）企业造型和纪念性建筑，包括厂区雕塑、纪念碑、纪念墙、纪念林、英模塑像，承载企业历史的博物馆、展示馆等。一些有历史积淀的企业，为了弘扬企业文化和企业精神，强化外部宣传，会建设以系列展示为主的企业博物馆或者展示馆。张裕酒文化博物馆，就是其中的经典之作；青岛网通公司的企业文化展馆，也系列地展示了青岛区域通讯事业发展的悠久历史和深厚文化积淀。（8）企业纪念品。（9）企业文化传播网络，包括企业自办的报纸、刊物、有线广播、闭路电视、计算机网络、宣传栏（宣传册）、广告牌、招贴画等。

二、物质文化建设的原则

物质文化就是以物质形态为载体，以看得见摸得着体会得到的物质形态来反映企业的精神面貌。企业在建设物质文化的过程中，要着重遵循以下六个原则。

（一）品质文化原则

品质文化原则就是强调企业产品的质量。一个企业的经营，品质是非常重要的。而品质的打造与质量息息相关，品质所表现出来的质量，是企业的角度，而品质的质量是消费者的角度，这两个质量是一个品质的核心所在。企业想要去打造一个好的品质文化，要从产品品质出发，让消费者从内心感受到产品的优良品质，在保证品质的同时提高消费者对品质的认可度和忠诚度，并不断创新跟上时代潮流，在消费者心中树立一个完美的形象，并且要持续地去维持品质的质量去建设企业品质文化，品质质量才能有保障。

（二）系统运作的原则

企业文化建设作为一项战略性、长期性的工作，它是一项庞大的、复杂的系统工程，决不能凭空想象一蹴而就，要树立"打持久战"的理念。物质文化是企业的"铸基"和"铸魂"工程，需要坚持不懈的努力。它的建设是一个渐进过程，必须运用系统论的方法，搞好整体设计，分步推进，分层次落实。必须明确总体目标和阶段性目标，管理层应该做什么、怎么做，实践层应该做什么、怎么做，只有上下同心、协调、运作，才能把物质文化建设的任务落实到实际工作中去。

（三）以人为本的原则

以人为本就是把人视为管理的主要对象和企业的重要资源。企业文化模式必须以人为中心，充分反映人的思想文化意识，企业全体人员积极参与，发挥首创精神，使企业有生命力，企业文化健康发展。企业的生产环境、工作环境、员工生活娱乐的场所设施，直接影响到员工对企业的忠诚度和归属感，只有良好的企业环境才能让员工产生凝聚力、向心力和使命感，企业员工不仅是企业的主体，而且是企业的主人，企业要通过尊重人、理解人来凝聚人心，企业文化要通过激发人的热情，开发人的潜能，来极大地调动人的积极性和创造性，使企业的管理更加科学，更有凝聚力。在塑造物质文化的时候，必须坚持以人为本的原则，最大限度地带给员工愉悦感，从而为企业带来更大的效益。

拓展阅读：

海尔人的文化理念

在海尔流传这样一个故事：海尔的一个洗衣机分厂，有一个姑娘在19岁的时候走进了海尔集团，并接受了三年海尔文化的洗礼，三年之后得了疾病，被诊断为得了白血病，就在她将要离开人世的时候，她给自己的亲人提出了最后一个愿望：我要最后再看一眼我所工作的海尔。这说明了什么？就是海尔的文化，海尔文化的魅力，使得海尔人这样地热爱这个集体。

在海尔兼并红星电器厂并进驻其厂的前一个月内，曾发生了一件漏检事件，结果第二天就被公布出，漏检的这个检查工被罚款了50元。谁出错谁受罚，这是一件很正常的事情，在红星电器厂被认为没有什么问题，大家都认可的事情，但是恰恰就是这样一件事情，体现出了海尔企业文化的特色。当时，海尔派出的柴永森，作为兼并红星电器厂的总经理，他决定抓住这样一个的机会，教育红星电器厂的职工。事情发生后的第二天，在《海尔人》的报纸上，发出了一个公开的大家都可以讨论的论题：出了这样的差错，谁负责任，是该罚员工还是该罚领导？这样的一个论题，在红星电器厂展开了一场非常激烈的讨论，这个质量漏检是谁的原因，是你复检没有复检出，还是你的检查体系不到位？红星电器厂的人认为罚员工是正常的；但是海尔的文化是少数人在制约着多数人，少数人要负多数人的责任，即如果出差错的话，首先领导要承担责任。通过大讨论，结果是柴永森被罚了 500 元，另外就是红星电器厂的各级有关人员，各级领导，每个人都罚了 1 元。随后，这件事情便在红星电器厂引起了很大的震动，红星电器厂的人彻底地感受到了海尔文化的特色，即海尔 20/80 原则，就是少数的领导人要负大的责任，这便是海尔人的一种文化理念。

（四）顾客愉悦原则

从企业文化的角度看，产品不仅意味着一个特质实体，而且还意味着产品中所包含的使用价值、审美价值、心理需求等系列利益的满足。只有让顾客满意了，我们的企业才有可能在历史的潮流中生存下来，才有可能成为百年企业，顾客满意又包括了品质、质量、价格，等等，只有让顾客满意——才有可能让顾客成为回头客，为企业增加更多的利润，才能不断激发员工的积极性。那么员工的精神风貌绝对是不一样的，如何处理好与顾客之间的关系，为企业的生存发展创造一个良好的环境，"顾客愉悦"是其中很重要的一条。

（五）技术审美原则

现代产品，从某种意义上说是科技和美学相结合的成果。在经济的快速发展之下，人们对美的追求越来越高，并且科技的快速进步让美也有了更大的可能性，于是美与产品相结合，生产经营正在悄悄随着时代潮流而改变。正如经济学家所言，经济学产生了让位于美学的经济。人们生活中所使用、了解的产品大多都是美学与科技的相结合，任何一个技术产品，都需要效用性与审美性的统一，当人们使用一件产品时，对产品外在是很注重的，看见美丽的东西，人们都会心情愉悦，使用感受也提高了。产品技术与美的结合才能推动一个企业的发展，顺势而行，走在风口浪尖企业才能飞起来。

（六）突出特色的原则

物质文化是一门应用性、实践性很强的科学，工作中必须运用创新的方法去思考，去实践。搞好企业物质文化建设关键在于突出企业的鲜明个性，追求与众不同的特色、优势和差别性，培育出适应知识经济时代要求的，能够促进企业整体素质提高、健康发展，具有自身鲜明特色的物质文化。

图 3-5　联想集团标志

因此，在物质文化建设过程中，必须牢牢把握企业历史、现状、未来的实际情况，重视挖掘提炼和整理出具有企业鲜明特色的文化内涵来，走出一条具有本企业特色的物质文化建设之路。

拓展阅读：

某企业更换标识

2003 年 4 月 28 日，某企业正式放弃旧的品牌标识，以新标识取而代之。进入 21 世纪，该企业确立了"高科技、服务、国际化"的发展目标。国际化是该企业既定的发展方向，要国际化，首先需要一个可以在世界上畅通无阻的、受人喜爱的英文品牌和新品牌标识，为国际化的战略部署提前做好准备。该企业的新英文名称，是在继承已有品牌资产的基础上的发展与升华。整个品牌名称的寓意为"创新"。该企业的标识创新通过对企业原有品牌的提炼和发展，将新品牌赋予四大重要特性：诚信，创新有活力，优质专业服务和荣誉。整个标识创造的过程，也是该企业对多年来形成的企业文化的总结、提炼和创新，为企业的进一步发展打下了坚实的基础。

任务三 企业物质文化内容解析

一、企业标志

情景导入：

图 3-6 企业标志案例

看完上面这些标识思考下列问题：

（1）你是否经常见到这些标识，你知道它们分别代表哪些企业或者产品吗？

（2）你能结合其中两三个标识讲述其背后的故事吗？

（3）为什么看到这些标识就会让很多人联想起一些企业或产品？

企业标识是企业文化的表征，是体现企业个性化的标志，包括企业名称、标志、标准字、标准色等。它要求具有自身特色，能达到使人过目不忘的效果。

（一）企业名称

在企业识别要素中，首先要考虑的是企业名称。企业名称一般由专用名称和通用名称两部分构成。前者用来区别同类企业，后者说明企业的行业或产品归属。名称不仅是一个称呼、一个符号，而且体现企业在公众中的形象。企业名称可以由国名、地名、人名、品名、产品功效等形式来命名，同时还应考虑艺术性，应当尽可能运用寓意、象征等艺术手法。

1. 企业名称的基本要素

构成企业名称的四项基本要素：行政区划、字号、行业或经营特点、组织形式。

行政区划是指县以上行政区划的名称，企业名称一般应冠以企业所在地行政区划名。字号是构成企业名称的核心要素，应当由两个或两个以上的汉字组成。企业名称是某一企业区别于其他企业或其他社会组织的标志，而企业名称的这一标志作用主要是通过字号体现的。企业应根据自己的经营范围或经营方式确定名称中的行业或经营特点字词，以具体反映企业生产、经营、服务的范围、方式或特点。企业应当根据其组织结构或者责任形式，在企业名称中标明组织形式。企业名称中标明的组织形式，应当符合国家法律法规的规定。

2. 确定企业名称应遵守的规范要求

企业法人必须使用独立的企业名称，不得在企业名称中包含另一个法人名称；企业名称应当使用符合国家规范的汉字，民族自治地区的企业名称可以同时使用本地区通用的民族文字；企业名称不得含有有损国家利益或社会公共利益、违背社会公共道德、不符合民族和宗教习俗的内容；企业名称不得含有违反公平竞争原则、可能对公众造成误认、可能损害他人利益的内容。企业在申请、使用企业名称时，不得侵害其他企业的名称权；企业名称不得含有法律或行政法规禁止的内容。企业名称不仅应符合《企业名称登记管理规定》的有关规定，而且应符合其他国家法律或行政法规的规定。

（二）企业标志

企业标志是通过造型简单、意义明确的统一标准的视觉符号，将经营理念、企业文化、经营内容、企业规模、产品特性等要素，传递给社会公众，使之识别和认同企业的图案和文字。企业标志是视觉形象的核心，它构成企业形象的基本特征，体现企业内在素质。企业标志不仅是调动所有视觉要素的主导力量，而且是整合所有视觉要素的中心，更是社会大众认同企业品牌的代表。

企业标志承载着企业的无形资产，是企业综合信息传递的媒介。标志作为企业 CIS 战略的最主要部分，在企业形象传递过程中，是应用最广泛出现频率最高，同时也是最关键的元素。

企业强大的整体实力、完善的管理机制、优质的产品和服务，都被涵盖于标志中，通过不断的刺激和反复刻画，深深地留在受众心中。企业标识，可分为企业自身的标志和商品标志。

1. 企业标志的特征

企业标志的主要特征有识别性、领导性、同一性、造型性、延展性、系统性、时代性和艺术性等。

（1）识别性：识别性是企业标志的基本功能，借助独具个性的标志，来区别本企业及其产品的识别力，是现代企业市场竞争的"利器"。因此通过整体规划和设计的视觉符号，必须具有独特的个性和强烈的冲击力，在所有的设计中，标志是最具有企业视觉认知、识别信息传达功能的设计要素。

（2）领导性：企业标志是企业视觉传达要素的核心，也是企业开展信息传达的主导力量。标志的领导地位是企业经营理念和经营活动的集中表现，贯穿和应用于企业的所有相关的活动中，不仅具有权威性，而且还体现在视觉要素的一体化和多样性上，其他视觉要素都以标志构成整体为中心而展开。

（3）同一性：标志代表着企业的经营理念、企业的文化特色、企业的规模、经营的内容和特点，因而是企业精神的具体象征。因此，可以说社会大众对于标志的认同等于对企业的认同。只有企业的经营内容或企业的实态与外部象征——企业标志相一致时，才有可能获得社会大众的一致认同。

（4）造型性：企业标志设计展现的题材和形式丰富多彩，如中英文字体、图案、抽象符号、几何图形等，因此标志造型变化就显得格外活泼生动。标志图形的优劣，不仅决定了标志传达企业情况的效力，而且会影响到消费者对商品品质的信心与企业形象的认同。

（5）延展性：企业标志是应用最为广泛，出现频率最高的视觉传达要素，必须在各种传播媒体上广泛应用。标志图形要针对印刷方式、制作工艺技术、材料质地和应用项目的不同，采用多种对应性和延展性的变体设计，以产生切合、适宜的效果与表现。

（6）系统性：企业标志一旦确定，随之就应展开标志的精致化作业，其中包括标志与其他基本设计要素的组合规定。目的是对未来标志的应用进行规划，达到系统化、规范化、标准化的科学管理，从而提高设计作业的效率，保持一定的设计水平。此外，当视觉结构走向多样化的时候，可以用强有力的标志来统一各关联企业，采用同一标志不同色彩、同一外形不同图案或同一标志图案不同结构方式，来强化关联企业的系统化精神。

（7）时代性：现代企业面对发展迅速的社会，日新月异的生活和意识形态，不断变化的市场竞争形势，其标志形态必须具有鲜明的时代特征。特别是许多老企业，有必要对现有标志形象进行检讨和改进，在保留旧有形象的基础上，采取清新简洁、明晰易记的设计形式，这样能使企业的标志具有鲜明的时代特征。通常，标志形象的更新以十年为一期，它代表着企业求新求变、勇于创造、追求卓越的精神，避免企业的日益僵化，陈腐过时的形象。

（8）艺术性：企业标志图案是形象化的艺术概括，它用特有的审美方式，生动具体的感性描述和表现，促使标志主题凸显，从而达到准确传递企业信息的目的。

拓展阅读：

中国联通的新旧标志

图 3—7　中国联通企业标志

2020年9月，中国联通宣布品牌焕新正式官宣了新版标志LOGO。联通新修订的标志虽然图形比例、中英文字体均没有明显变化，但标志性的中国红品牌色有所调整，2008年开始使用的中国红色值为"CMYK：0，100，100，10"，调整后的新红色色值则为"CMYK：0，100，85，0"。

相比之前比较深暗的红色，新的红色（新科技红）更明亮鲜艳，同时给人的感觉也变得更年轻更具亲和力。除了品牌色更新，联通推出了"创新·与智慧同行"的全新品牌口号。从"创新·改变世界"到"创新·与智慧同行"转变，可以看出联通通过5G时代赋能行业、服务用户的品牌精神和品牌态度。联通解释称，"创新"是中国联通的核心基因，需要持续传承。"智慧"表达出中国联通"共创、共享"的品牌精神。"同行"体现中国联通品牌人文关怀的丰富内涵和有温度的品牌形象。另外，联通还基于品牌图标衍生了更多的品牌图形，比如"箭头"图形寓意前进、突破，表达联通对未来发展的态度；"爱心"寓意用心、责任，表达联通与人，与社会的关系；"无限"符号寓意协力、同行，表达创造无限可能的能力。

分析与思考：

（1）为什么企业要更换标志？

（2）企业更换标志应该注意哪些要点？

（3）举例说明还有哪些知名企业更换过标志，更换标志后达到了怎样的效果？

拓展阅读：

品牌的换标

品牌换标是为了更好地生存，更能体现企业的特点，品牌更换新的标志也是受到经济环境、人文环境、竞争环境、消费环境等因素的影响，换标并不代表着一定成功，换标不是万能药。换标是一个新的开始，是一个品牌符号的又一次整形。标志的价值体现在品牌的价值里面，标志是品牌价值的具体表现。

换标是一个品牌、一个企业的大事记，所以企业换标时重点把握如下三个要点：

第一，企业标志设计的更换，必须服从和服务于企业的发展战略。换标不是目的，战略才是决定是否换标的根本因素。换标也不是一种单纯的市场营销行为，它是企业战略思想和意图的呈现载体。因此，如果企业要重新定位，要做大的战略调整，那么不妨改变企业形象。但改变之前一定要有清晰的战略规划，否则最好不要轻举妄动。实际上，国内外大多数企业的"变脸"，都是为了配合企业的战略转型工程，企业换标是向外界以及向企业内部宣布"我已不是原来的我"的一种行之有效的方法。对于上市公司来说，换标则具有向股东、投资者和各种"利益相关者"传递公司战略转型信息的符号意义。例如，英特尔换标是为进军消费电子领域、由处理器厂商转型为平台解决方案提供商；柯达"变脸"则是"胶卷巨人"决定跳出"黄盒子"，以此证明正坚定不移、彻底地向数码领域全面转型。

第二，正确处理好企业新标志设计与老标志的关系。在换标过程中，一方面，企业必须充分认识老标志的意义和作用。客户与老标志之间经过长年累月的互动，已经建立起了深厚的感情，老标志已经在客户心目中具有了相当的情感价值。因此，如若处理不当，企业推出的新标识势必会导致客户与品牌之间情感纽带的混乱。壳牌公司（Shell）

和 IBM 公司在这方面堪为我们的学习榜样。壳牌虽然在其百年发展历程中换过十几到二十次标，但主题 80% 未变。IBM 也是一个频繁变换标志设计的公司，但人们并没感觉到它翻天覆地的变化。另一方面，企业也必须明确新标识是对老标志设计的继承和发展，是对老标志的扬弃，应将老标志的价值积累融入新标识，让新标识具有与老标志的一定相关性和连续性。

第三，企业在更换标志设计前，必须做好细致周密的准备工作，将可能因换标带来的风险控制在最小范围内。比如，在换标之前，企业自身要明晰换标的真正目的和原因，做好广泛的市场调查工作，在规划新标志时要充分考虑企业的战略意图以及市场和目标客户的期望等多维度的因素。换标活动应尽量与品牌的重大活动如推介新产品等同时推出，以尽可能抓住眼球，引起媒体和消费者的共同关注；企业对新标志的宣传推广，需要投入大量的资金和人力，如英特尔为换新标准备了 25 亿美元，国内的浪潮集团也为换标花费了三年时间，投入 5000 万元人民币。此外，换标活动的速度要快，力度要大，要在最快的时间内在最大的范围内将老标志更换成新标志。如果市场上老标志设计和新标志并存的时间过长，不仅将导致新标志不被新的消费者认可，还会使老客户混淆，届时"赔了夫人又折兵"的悲剧上演就在所难免了。

综上所述，"变脸"简单，但脱胎换骨不易。企业唯有痛下决心"洗心"，才能真正实现"革面"的功效。

（三）标准字

标准字是指企业或品牌形象的专用字体。通常将企业或品牌的名称、宣传标语、口号等文字通过创意设计，形成风格独特、个性突出的组合整体。标准字是塑造企业或品牌整体形象、造就识别符号个性化特征的又一重要组成部分，往往与商标同时使用，出现频率高，运用广泛，几乎出现于所有的应用设计中。标准字的设计处理不但是信息传达的手段，也是构成视觉表现感染力的不可缺少的要素。

在企业识别系统中占有与标志同等重要的地位。

标准字的设计应当切合企业或品牌的理念，服从设计概念的指导，同时还应注意协调配合，均衡统一，突出个性和特点等。设计者对字符的间距、编排形式以及笔画的造型特征、线条的粗细等要周密考虑。标准字体的设计可划分为书法标准字体、装饰标准字体和英文标准字体。书法是具有三千多年历史的汉字表现艺术的主要形式，既有艺术性，又有实用性。我国一些企业采用政坛要人、社会名流及书法家的题字，用作企业名称或品牌标准字体，比如，中国国际航空公司、健力宝等。标准字设计要遵循准确性、关联性、独特性等原则。

（1）准确性原则：标准字体做到最大限度的准确、明朗、可读性强，不会产生任何歧义。

（2）关联性原则：标准字体的设计，不只是考虑美观，还要充分调动字体的感应元素，确保标准字和商品的特性有一定内在联系，唤起大众对商品本质的联想。

（3）独特性原则：设计标准字要以企业的文化背景和企业经营理念为基础，设计出独具一格、具有鲜明特色、有震撼力的字体，将企业的经营内容或产品特性利用各种方式具体地表现出来。

拓展阅读：

BBC **和** Pepsi **的标志**（Logo）

如果单看"BBC"的三个字母与黑色方块（图 3-8），你会知道这个标志居然要价 180 万美元吗？这个乍看非常简单明了的标志，最初像蝙蝠翅膀，后来经过了许多次修改，从斜体字正式改成了正体字。不过因为当年彩色电视还不普及，标志没必要设计成彩色的，不知道这跟现在的 BBC 依旧只使用黑白两色设计有没有关系呢？

相较起可口可乐的 0 元标志，百事可乐的一百万标志（图 3-9）真的算是昂贵太多了，其实在早期百事可乐的标志是直接用创办人 Caleb Bradham 的名字当作商标，接着到我们目前看到的极简风之间，一共大换特换了将近十次，终于在 2008 年时，百事可乐的董事会决定改头换面，一扫过去几年每年 2%～5% 下降的销售数量，把立体的球体标志直接改成平面的三色图形，更有趣的是这个由红、白、黑组成的三色圆形，不同款的可乐上面会有不同比例颜色的标志设计，就连新版的字体也有玄机，为了要配合"百事可乐给你快乐"的设计理念，还特别将"Pepsi"的"e"字加上曲线，不过如果不说不知道会有几个人能发现呢？

图 3-8　BBC 标志　　　　　　　　　图 3-9　百事企业标志

（四）标准色

标准色是企业根据自身特点选定的某一色彩或某一组色彩，用来表明企业实体及其存在的意义。色彩是视觉感知的基本因素，它在视觉识别中的决定性作用，使得企业必须规定出企业的用色标准，使企业标志、名称等色彩实现统一和保持一贯，以达到企业形象和视觉识别的目的。

标准色设计一般分为确立企业理念、拟定企业形象、色彩设计、色彩管理、反馈发展五个步骤。设计是有计划的造型行为，色彩设计要考虑用什么颜色才能表现企业形象的特质，为便于识别，取得较好的设计效果，标志色彩的诱目性、明视性要高，同时，设计还要注意配色调和的美感，根据色相、色调的合理组合，设计出正式、安定、高级的感觉。色彩设计决定后，还须制作色彩规范，用表色符号，标明色彩误差的宽容度，以便实行标准化管理。色彩设计出效果后，还须追踪考察设计成效，将信息反馈资料作

为企业形象更新发展的参考

由于企业的标准色具有科学化、差别化、系统化的特点，因而其在企业的信息传达的整体设计系统中具有较强的传播和识别功能。在标准色的设定阶段，由于会受自身生活经验、传统习惯等因素的影响，人们会对色彩产生联想和抽象的感情，因此，标准色的选择应注意以下两点：

（1）注意各颜色本身所含的个性特征，以使其较好地与企业的经营理念结合，避免出现较大的偏差。一般而言，红色容易让人联想到火焰、太阳、血、红旗、辣椒，包含热烈、青春、积极、革命、活力、健康的抽象感情；橙色让人联想到橘子、柿子、秋叶，包含快活、温情、欢喜、任性、疑惑的抽象感情；蓝色让人想到天空、海洋；紫色让人觉得高贵、优雅；白色纯情；灰色平庸等。这些联想，对于色彩的运用和诉求具有极大的影响力。

（2）标准色的开发，应避免和各国的民族偏好冲突。在法国，人们不喜欢绿色，因为它会使人想到纳粹军服，那里的男孩惯穿蓝色，小女孩惯穿粉红色。法国还忌讳绿色的地毯，因为该国在举行葬礼时有铺撒绿叶树的习俗。德国因政治原因而忌用茶色、黑、深蓝色的衬衫。德国清洁工的服装和垃圾车是橘黄色的。在荷兰，代表国家的颜色橙色、蓝色十分受欢迎。特别是橙色，在节日里广泛运用。瑞士十分喜爱三原色和同类色相配，并喜欢国旗上的红色和白色。巴西出于迷信，认为紫色代表悲伤，茶色象征着不幸。在马来西亚，黄色为王室所用颜色，一般人不能穿用。而美国、日本、加拿大等，对色彩似无特殊的爱好。

（五）吉祥物

吉祥物能够拉近与消费者之间的距离，是最优秀的形象大使，是传播企业文化的重要载体。在整个企业识别设计中，吉祥物设计以其醒目性、活泼性、趣味性越来越受到企业的青睐。利用人物、植物、动物等为基本素材，通过夸张、变形、拟人、幽默等手法塑造出一个亲切可爱的形象，对于强化企业形象有着不可估量的作用。

吉祥物是企业公司形象的象征，也是企业的代言人，可以运用的场景有很多，比如活动、年会、宣传，等等，还可以运用到包装甚至企业的系统中，让人与之产生共鸣，提高品牌文化形象，得到更多客户的认可。

吉祥物的辨识度很高，很容易让别人记住，如京东狗、天猫、苏宁小狮子、北京2022年冬季奥运会吉祥物冰墩墩等。由于吉祥物具有很强的可塑性，往往根据需要设计不同的表情、姿势和动作，较之严肃庄重的标志、标准字更富弹性、更生动、更富人情味，更能达到过目不忘的效果。如第25届奥林匹克运动会的代言人科比、麦当劳食品公司的"麦当劳叔叔"、汉城奥运会的"小老虎"、洛杉矶奥运会的"山姆老鹰"等早已家喻户晓。大家在平日生活中总是能够看到各种各样可爱的卡通吉祥物形象。不论是深入国民内心的奥运福娃或者是闻名世界的腾讯企鹅，这些独一无二的吉祥物凭借着自己可爱的外表不断地向广大消费者传递着企业的文化内涵及自己的理念。

拓展阅读：

马化腾曾经提到过企鹅形象的来源，最早的QQ的标志是一个小寻呼机，因为我们当时想体现一个网络寻呼的概念。后来我们觉得给QQ赋予一个动物的形象（图3-

10) 可能会更容易让人感受到亲近，于是我们选择了企鹅和其他的一些图案，放在网上让网友一起投票。最终大家选出了企鹅，这也是因为它代表了勇气、团结和爱。

图 3-10　腾讯 QQ 标志

分析与思考：

(1) 请大家列举耳熟能详的企业吉祥物并对其设计理念进行解释。

(2) 请为你所在的班级或者团队设计一个标志，并对其进行文字释义。

二、企业环境和建筑物

情景导入：

华人开的独角兽公司

由华人开的独角兽公司——Zoom Video Communications 在 2019 年被评为最适合工作的顶级科技公司，Zoom 是一家为企业提供视频会议服务的公司。由华人 CEO 袁征（Eric S. Yuan）于 2011 年创办，这几年势头很猛，其客户包括美国财富 500 强公司的 1/3 和美国前 200 所大学的 90%。袁征 2018 年在 Glassdoor 上还被评为最受欢迎 CEO。在 Glassdoor 网站上，CEO 袁征（Eric S. Yuan）的支持率为 99%，此外，96% 的员工表示他们会向朋友推荐公司。在 Zoom 工作的福利：周一到周四的免费午餐 /无限制休假制度（Mark）/有健康福利，为健身房会员和健身设备支付津贴/医疗保险的待遇据说比警察的医疗保险待遇还好/季度奖金/某些部门可以进行远程工作。

思考： 为什么 CEO 袁征和他的公司会深受员工们的喜爱？

（一）企业环境

企业环境是企业文化的一种外在象征，它体现了企业文化个性特点。从宏观上来说，一般包括工作环境和生活环境两个部分。

1. 工作环境

工作环境的构成因素很多，主要包括两部分内容：一是物理环境，包括视觉环境、温湿环境、嗅觉环境、营销装饰环境等；二是人文环境，主要内容有领导作用、精神风貌、合作氛围、竞争环境，等等。创造一个良好的企业内部环境不仅能保证员工身心健康，而且是树立良好企业形象的重要方面，企业要尽心营造一个干净、整洁、独特、积极向上、团结互助的内部环境，这是企业展示给社会公众的第一印象。企业生产环境的优劣，直接影响企业员工的工作效率和情绪。整齐、整洁的工作环境，容易吸引顾客，让顾客心情舒畅；同时，由于口碑相传，企业会成为其他公司的学习榜样，从而能大大提高企业的声望。

2. 生活环境

企业的生活环境包括企业员工的居住、休息、娱乐等客观条件和服务设施，企业员工本身及其子女的学习条件。这些方面的好坏也会影响企业员工的工作热情和工作质量。因此在优化企业生产环境的同时，要注重优化企业的生活环境，包括改善企业员工的居住、休息娱乐等条件和相关服务设施，为企业员工本身及其子女提供良好的学习条件，使职工免去后顾之忧，从而更加专注于工作，员工幸福感将成为商业战略的一部分，不仅有益于员工，还能提高工作效率，并建立更强大的企业文化。在长时间的办公当中，员工感受到的是公司的办公环境，而创意且人性化的工作空间通常可以吸引来到公司面试的人群。在20世纪90年代的互联网大潮中，新公司为了和资格较老的电子媒介公司争夺技术人员，开始改善办公环境，一种和开放式办公环境不同的布局也随之流行开来。办公室里有了茶水间、咖啡吧、衣帽间、游戏室、乒乓球室，等等。深层次的来讲，一个优秀的办公环境可以吸引、留住年轻人才。

（二）影响企业环境的因素

（1）人口环境。人口环境主要有人口规模、地理分布、年龄分布、迁移等因素。

（2）经济因素。企业的经济环境包括：宏观经济形势，如国民经济发展水平及其发展趋势、政府财政、金融情况；本行业在整个经济体系中的地位和行业特点；企业的直接经济环境，包括人均实际收入、平均消费取向、消费支出分配模式。

（3）自然环境。一个国家的自然资源与生态环境，包括生产的布局、人的生存环境、自然资源、生态平衡等方面的变化，也会给企业造成一些环境威胁和机会，因而也是企业经营战略制定所必须重视的问题。

（4）技术环境。科学技术的快速发展，使产品结构发生了巨大的变化，整个世界处在新的产业革命时期。技术环境分成：①基础通用技术，这些技术对各个行业都有关系和影响。②相关技术，是指介于基础技术和本行业技术之间技术。③本行业技术，即形成企业产品的重要技术。

（5）政治和法律环境。指那些强制或影响社会上各种组织和个人的法律、政府机构和利益集团。

（6）社会文化环境。社会文化环境是指社会结构、社会风俗、习惯、信仰、价值观念、行为规范、生活方式、文化传统等。

拓展阅读：

京东集团员工关爱行动

近年来，"以人为本"的管理理念逐渐得到企业界的普遍认同，作为"以人为本"管理理念的重要组成部分，通过实施"员工关爱计划"给予员工更多的人性化关爱也越来越受到管理者的重视。京东集团是中国最大的自营式电商企业，其在发展上始终秉承先人后企、以人为本的理念，不仅制定了一系列的措施来关爱员工，还将员工满意度、幸福感的提升作为公司重要的努力方向。为此，京东制定了一套系统的全方位关爱员工的项目，从员工的实际需求出发，构建按需定制、类型丰富的员工关爱计划体系，帮助员工成长，保障员工权益，认可员工价值、关心员工疾苦。

京东集团实施的员工关爱计划为员工创造了有尊严、舒适的工作和生活环境，让员工产生了强烈的幸福感和高昂的工作激情，并最终成为推动公司快速健康发展的源动力。2018年5月，京东集团发布的业绩报告显示，2018年第一季度净收入为1001亿元（约160亿美元），同比增长33.1%；归属于普通股股东的持续经营业务净利润为15.249亿元（约2.431亿美元），而2017年同期仅为2.988亿元。对京东集团员工关爱计划的实践进行归纳分析，可以为其他企业提供有益的借鉴。

（二）企业的建筑物

从中外建筑与各自文化背景之间的联系，可看出一定时期的建筑可以反映当时的文化。而企业文化理论也是建立在特定文化背景下，企业建筑又是企业物质文化的重要组成因素，建筑的综合环境效应又能对人产生影响。因此，建筑师在对企业的建筑物进行设计时要考虑该企业的企业文化，将企业文化融入企业建筑物之中。

企业文化管理理论开始流行后，作为物质文化要素的企业建筑物肩负起宣导企业的价值观，反映企业特色的任务，从而实现建筑反作用于人的功能。企业建筑的设计应着眼于本企业的企业文化精髓，是企业建筑风格发展的一大趋势。

1. 建筑与文化

建筑是人类最重要的文化现象之一。看待建筑必须有文化的视角。建筑文化内涵是建筑思想、建筑观念、建筑意识、建筑情感、建筑意念、建筑思潮等这一类心理层方面的要素群。建筑文化既表现在物质方面，也表现在精神方面。作为物质文化，它直接为社会和人们的生产、生活、交往、学习、娱乐等活动服务。作为精神文化，有着丰富的内涵，既为现实服务，又有历史的连续性和对未来的限定性，直接对人们的心理、生理施加影响，起着塑造作用。一个建筑物和其群落自然环境、社会人文环境相互融合后，产生一种"建筑综合环境效应"，最终促使人们心理和生理上的变化，即人对环境效应的心理反应。这就是建筑文化的显文化要素。古人云，"居移气，养移体"，就是阐述了建筑显文化要素的作用。与之相对的是建筑的潜文化要素，这是指精神到物质的过程，建筑物的自身形态和构造产生在建筑物诞生之前，是由建筑师头脑的形象思维过程和科学技术决定的。这两种文化要素，既有联系又有区别，正是由于这两种文化要素的相互作用，才产生了对人类具有影响的建筑综合环境效应，从而构成了完整的建筑文化循环系统。

建筑文化都是在一定的文化背景和哲学理论影响下形成的。只有理解文化特征、文化背景才能充分体会建筑的韵味。而建筑作品又必须将优秀文化巧妙地融入建筑之中。中国的传统建筑，体现出一种浓郁的文化精神。它和中国的传统文化有一种直接的、紧密相关的联系，是传统文化的一种物质表现。中国建筑的特点是封闭、保守、群体、静态、弯曲。中国建筑向来富于曲线美，如屋顶的凹曲线、曲面等；西方建筑文化的特点是理性和抗争精神，个体与主体的意识，怀疑与否定的心态，宗教与意志力的迷狂等。只有理解文化特征，文化背景才能充分体会其建筑物的韵味。而建筑作品又必须将优秀文化巧妙地融入建筑之中。

2. 企业建筑物与企业文化之间的联系

企业文化是近年来非常流行的管理理论，它是自第二次世界大战后逐步发展起来的。企业文化的定义很多，但都包含了物质文化这个内容。物质文化指的是企业的产品、机器和建筑物等。由此可见，企业建筑和企业文化是密切相关的，它是企业文化的一个重要内容。企业文化的核心层是精神文化，作为中层的制度文化和表层的物质文化则要承担起传播精神文化的功能。

一个企业要形成具有个性的、强势的企业文化体系需要一个长期的过程，这个过程就是要将企业的核心价值观通过各种途径在员工中进行宣导，使员工由内心逐渐地接受和融入企业文化的塑造中。这种传播的途径大多是由上而下的传播，包括了听觉、视觉，它是多方位的、长时间的渗透过程。企业建筑物毫无疑问是传播企业精神文化的主要载体，它为员工创造一种工作的氛围，在这个氛围里，员工每时每刻都能感受到企业文化的内涵。在"建筑综合环境效应"下，对员工的心理和生理起到影响，使员工在不知不觉中接纳了企业的精神理念。

（三）企业建筑物体现企业文化的方式

建筑是人类最重要的文化现象之一，一定时期的建筑总是反映出一定时期的文化内涵，企业建筑也同样反映出企业文化的内涵。那么建筑如何体现企业文化呢？一般来说企业的建筑从外观结构和内部构造都能够体现不同文化特点。

（1）企业文化与传统文化同属文化的范畴，两者功能上相似。传统文化与企业文化在类别和层次上共性较多，特别是在道德规范层面，双方的要求基本一致。2002年的8月，黑龙江省哈尔滨市工商银行哈尔滨雷锋储蓄所，推出了"雷锋形象永相伴，客户需求记在心"的服务理念。雷锋是为大家做好事的典型，储蓄所与储户联系密切，把雷锋精神与工行理念结合起来的创新服务观念，实际上是对员工的具体要求，就是要为储户着想做好自己的本职工作。这与传统文化提倡的"爱人"（《论语·颜渊》）中对人要爱的要求，本质上是没有区别的。从这个例子，体现了企业文化和传统文化道德规范上对人的共同要求。

（2）外国企业文化进入我国后，能较快融入我国文化体系、焕发出强劲的生命力，与生存的土壤和与主宰生存土壤的传统文化作用上的相互性密切相关。第一，传统文化能为企业文化生存提供合适土壤。第二，企业文化发展可从传统文化中获取必要的成分。传统文化提倡的"仁"等观念思想，对企业文化发展可以起到较大影响。第三，企业文化为弘扬传统文化提供了一个有效载体。传统文化为中华民族的繁荣作出了巨大的贡献，在漫长历史中积淀的丰富内容需要有效的途径传承下去，企业文化就是一个很好的载体。

（3）将企业的形象战略应用到企业的建筑物上。企业形象指社会公众和企业职工对企业整体的印象和评价。企业形象是可以通过公共关系活动来建立和调整的。企业形象的构成因素很多，具体可表现为：①产品形象，指产品的质量、性能、价格以及设计、外形、名称、商标和包装等给人的整体印象。②职工形象，指职工的服务态度、职业道德、进取精神以及装束、仪表等精神面貌给外界公众的整体印象。③主观形象，指企业领导者想象中的外界公众对企业所持有的印象。④自我期望形象，指企业内部成员，特别是企业领导希望外界对本企业所持的印象。⑤实际形象，指外界对企业现状所持有的印象，是企业的真正形象。⑥公共关系形象，指企业通过公共关系活动的努力，在公众中留下的对企业本身的印象。对企业形象战略问题做出较为全面的分析与阐述，较为系统地总结了企业形象战略在中国建筑企业发展过程中对企业员工、业主、社会公众和建筑业的积极影响，提出了建筑企业实施形象战略的思路：强化战略管理，坚持创新、坚持以人为本，建立完善的保障机制和采取综合配套的措施。

拓展阅读：

腾讯滨海大厦

腾讯公司，作为中国最大的智能通讯 APP 微信的持有者，在中国是一个家喻户晓的品牌。近年来，他们的业务逐步扩大到游戏、人工智能、娱乐等多个板块，已成为亚洲市值最高的公司。腾讯身处高度创新的行业，行业中优秀人才的特质是年轻、活力、聪颖。客户希望他们的新办公空间能够展示企业的国际影响力，体现团队协作的工作环境并激励员工，从而促进企业创新和发展。

腾讯全球新总部——深圳滨海大厦（双子塔楼分别有 50 层和 39 层高）可容纳12000 名员工办公，是深圳一处新地标。"B+H"作为滨海大厦的室内设计方，和业主以及建筑师紧密合作，共同将垂直社区的概念融入整个设计中，以充分体现腾讯独有的社群文化。垂直社区为员工提供了各类工作和休闲设施，让人不禁回想起大学校园的场景。腾讯的大部分员工为年轻人，现代化的大楼既是生活空间，也是社交场所，如此多元活力的办公环境符合年轻人的生活和社交方式。设计亮点还包括 3 个连接两座塔楼的"天桥"（连接层），每个连接层都有特定的主题，这些公共空间是两座塔楼的员工进行社交、互动的主要场所，更是培养协作精神，碰撞火花和灵感的地方。腾讯滨海大厦包括一座 248 米高 50 层楼的南塔楼，一座 194 米高 41 层楼的北塔楼和三条连接两座塔楼，并在内部设置共享配套设施的"连接层"。腾讯滨海大厦相当于 3 个腾讯大厦，占地面积 18650 平方米，由南北两座塔楼组成。塔楼间 3 道连体分别位于 3 至 6 层，21至 26 层和 34 至 38 层。两塔楼间相互连接，象征着因特网各个遥远角落的连通，以一种更富有效率的方式将腾讯公司员工连接在一起。在业内看来，这种巧妙的建筑结构也与马化腾提出的"腾讯未来要做连接器"的理念形成呼应。

三、企业的产品和服务

情景导入：

蒙牛的企业发展战略

众所周知，蒙牛的企业愿景是争做行业第一。但是，蒙牛初期的口号并不是这个。蒙牛在不同的发展阶段，为自己制定了不同的企业发展目标及规划，也正是它的正确规划才让蒙牛有如此神奇的成长。

家有小牛初长成：蒙牛创立之初，只有 1000 万元的启动资金。而且由于创始人牛根生与伊利的关系，更使得蒙牛的发展举步维艰。因此，初期发展时的蒙牛，并没有暴露出自己的雄心壮志，也没有把矛头指向伊利，而是打出了"蒙牛乳业，创内蒙古乳业第二品牌""向伊利学习，为民族工业争气，争创内蒙古乳业第二品牌"的口号。这让很多人记住了蒙牛，记住了蒙牛是内蒙古乳业的第二品牌。在别人眼里，似乎蒙牛在为伊利打广告，其实，蒙牛是凭借着伊利的名气，提高了自己的身价，显性上，似乎蒙牛在学习伊利，伊利是乳品行业的龙头老大，而实际上，这样的广告也给蒙牛带来了实际的意义：其一，在成立之初，蒙牛和伊利的关系就很不愉快，这样在外部环境上，给蒙牛带来不少的困难，而这样的口号打出来，一下子就降低了伊利的敌意，变被动为主动。其二，蒙牛刚刚兴办的时候，启动资金较少，不能做大规模的宣传，但是利用伊利的名声来宣传自己，不仅可以节省开支，还可以在很短的时间里，让人们记住自己。

小牛长成了蒙牛：蒙牛借着伊利的声望，逐渐坐上了行业第二的位置。这个时候的蒙牛应该算得上是羽翼丰满了，因此它的宣传口号也随之变化了，此时的蒙牛已经和伊利并驾齐驱了，因此把发展的重点逐渐向全国扩大。在宣传上，蒙牛投入300万元引进灯箱广告的宣传方式，这种宣传方式在中国尚属首家，而此时的宣传口号也变为"我们共同的品牌——中国乳都呼和浩特"。蒙牛在此提出了一个"乳都"的概念，什么叫"乳都"，顾名思义，乳制品的出产的首都，给消费者一种呼和浩特出产的牛奶就很好的暗示，让消费者潜意识中就承认了蒙牛的质量比别人的好的思想，可以说这是蒙牛战略中的一大亮点，在这样的强势宣传下，蒙牛与伊利的距离又拉近了一大步。

蒙牛即"猛牛"：蒙牛在这样的势头之下自然不可能甘做第二，也许蒙牛的成立初衷就是要赶超伊利吧，蒙牛正式挑战伊利的老大地位：2004年，蒙牛成功在香港上市，解决了资金问题，更是采取了一系列大手笔，力争成为中国乳品行业的第一；2005年初，蒙牛斥资3亿元、日产量为100吨的通州工厂落成，它是亚洲第一大规模的酸奶研发生产基地；2005年，蒙牛又成功赞助"超级女声"，在乳品行业独领风骚；这之后的蒙牛像一头猛牛，在乳品行业终于为自己开创了一片天地，最终成为全国第一。

由此我们可以看出，企业的发展策略对企业的生存发展有着至关重要的作用，正是因为领导者对企业每个阶段的正确认识和规划，从而制定出适合特定时期的发展策略，才能使企业一步一个脚印地发展壮大，蒙牛就是因为有了这样科学合理的发展战略，从而实现了自己的企业愿景——争做行业第一。

思考：请列举出你所熟悉的蒙牛产品有哪些？蒙牛赶超伊利的关键因素是什么？企业应该如何来制定各个阶段的发展战略？

企业生产的产品和提供的服务是企业生产经营的成果，它是企业物质文化的首要内容。传统的产品以及对它的解释，常常局限在产品特定的物质形态和具体用途上，而在现代市场营销学中，产品则被理解为人们通过交换而获得的某种需求的满足，归结为消费者和用户期望的实际利益。由此，产品概念所包含的内容大大扩充了，产品是指人们向市场提供的能满足消费者或用户某种需求的任何有形产品和无形服务。有形产品主要包括产品实体及其品质、特色、式样、品牌和包装；无形服务包括可以给买主带来附加利益和心理上的满足感及信任感的售后服务、保证、产品形象、销售者声誉等。

（一）什么是企业的产品

产品是指作为商品提供给市场，被人们使用和消费，并能满足人们某种需求的任何东西，包括有形的物品、无形的服务、组织、观念或它们的组合。产品一般可以分为五个层次，即核心产品、基本产品、期望产品、附加产品、潜在产品。产品概念是企业想要注入顾客脑中关于产品的一种主观意念，就是用消费者的语言来描述你的产品，即如何向老百姓简单明白地介绍产品。一般用文字来表达或用图片来描述产品概念。产品概念从本质上说，产品卖给消费者是什么利益点，即满足消费者的是什么需求点。任何产品都有其市场存在的理由，这些理由是因为消费者对该产品的利益存在着一定的需求。

20世纪60年代末以后，在第三次科技革命的推动下，生产日益科学化、自动化、高速化、连续化，随之而来的是市场上产品急剧增加，花色品种日新月异，市场已经从卖方市场转变为买方市场。在日益激烈的市场竞争中，一些企业认识到：一方面在科学技术日新月异以及企业生产管理水平越来越高的条件下，不同企业提供的同类产品在品质上越来越接近；另一方面，随着社会经济的发展和人民收入水平的提高，顾客对产品的非功能性利益越来越重视，在很多情况下甚至超过了对功能性利益的关注。于是一些企业逐渐摆脱了传统产品概念的束缚，调整了以往的竞争思路，那就是不仅通过产品本身，而且还通过在款式、品牌、包装、售后服务等各个方面创造差异来赢得竞争优势。它标志着产品整体概念的诞生。

在现代市场经济条件下，企业只有从以上五个层次全面地理解产品的整体概念，才能在市场竞争中赢得优势。人们向市场提供的能满足消费者或用户某种需求的任何有形物品和无形服务。社会需要是不断变化的，因此，产品的品种、规格、款式也会相应地改变。新产品的不断出现，产品质量的不断提高，产品数量的不断增加，是现代社会经济发展的显著特点。

（二）产品是企业信息的综合体现

企业把科技、生产、工艺、材料、市场促销、媒体传播、经济、社会、人文等多种学科的互动与协调，物化为产品。就是说，作为一个生产产品的企业，在其产品上会给人们提供一种综合的、全方位的信息，通过该企业的产品，人们可以了解其科学合理的企业管理、严格的质量管理、创新的设计理念、精湛的工艺技术、高效的生产管理、完善的售后服务。产品可以折射出多种信息，从而营造出脍炙人口的品牌，进一步塑造良好的企业形象。因此，企业形象最终都会体现在它的产品上。

（三）如何了解企业的产品和服务

很多企业抓质量工作，为什么总抓不出成效？原因其实很简单：治标不治本。现实中，我们都知道抓产品质量的重要性，一些企业也确实下了较大的力气来抓，但是，十有八九的做法是治标不治本。比如有的企业强调"以罚代管"，即在产品质量出了问题后，对有关部门的责任人进行处罚，希望通过杀一儆百，发挥威慑作用，避免以后再出事故。有的企业片面地认为，抓产品的质量只是制造部门的事情，产品出了质量事故，追究责任只能追究制造部门的人员。事实证明，这样做是偏颇的，无法从根本上解决问题。抓产品的质量工作，必须从根本上抓起，做到以下四点。

1. 建立一把手质量负责制

质量问题，说到底是一个关乎企业生死的战略问题。一家企业要长久生存下去，产品的质量可靠、有保证，是最基本的前提。西门子冰箱 1997 年进入中国，曾经很长一段时间乏人问津，严重亏损，但是，凭借产品出色的质量，逐渐被中国消费者接受。今天，在中国，西门子冰箱几乎是最贵的，并且代表最高端，其在一级市场的销量已经稳居行业前列，这也使其成为中国目前盈利能力最强的冰箱产品。因此，企业的一把手，尤其是产品公司的一把手，站到企业长远发展的角度，必须要有强烈的质量意识。这个意识，不是只停留在口头上，而是要采取实实在在的行动。企业的一把手必须坚持"质量第一"的原则，并通过言传身教让全体员工都要有全面质量管理意识。因为企业管理干部对待一项工作的态度，通常取决一把手对它的态度；同理，普通员工的态度，则取决于自己的领导对它的态度。如果企业的一把手对待质量工作只是"口热心不热、动口不动手"，那么，公司的员工就会心知肚明，敷衍塞责。所以，一个企业要抓好质量工作，必须把质量意识楔入一把手以及整个经营班子的骨子里。产品出了质量问题，首先要处罚高层，从上往下追究责任，这样才可能将质量工作落到实处。

2. 制定严格的质量管理标准

产品质量没有抓不好的，关键是看企业舍得花多大力气、进行多大的投入。从经营的角度考虑，企业不可能不计成本来强调产品的质量，这就有一个度的问题，即坚持什么标准的问题。

大多数先进企业都采用了 ISO9000 质量管理体系，包括管理职责、资源管理、产品的实现、测量分析与改进四大部分，它是以质量管理八大原则为基础建立起来的科学体系。ISO9000 质量管理体系实际上是一种质量管理规范，企业还需要根据自身的情况制定相应措施。要从产品开发、工艺流程设计到原料采购，从第一道工序到产品下线，从装箱到运输，每个环节必须制定详细的、可控制的质量管理标准，落实质量管理责任制。同时，要明确谁应该对某个生产步骤负责、产品需要达到什么标准，以及谁来检查、谁来对绩效打分等责任，将质量管理的理念贯彻到生产的各个环节。不仅要规定"怎么做"，而且要具体指出"谁来做"，做不好，要承担什么样的后果。

3. 加强质量管理的过程控制

很多企业平时不重视控制质量管理过程，比如对员工进行质量知识的培训、原材料采购的把关、技术研发的把关、制造现场管理的把关，而是热衷于以罚代管，在出现质量事故后对有关责任进行"秋后算账"，这样做实际上得不偿失。市场研究表明：不满意的顾客会把不满意告诉 22 个人，而满意的顾客只将满意告诉 8 个人。减少顾客离去率 5% 可以增加利润 25%～95%，增加 5% 顾客保留可以增加利润 35%～85%。企业抓质量工作，首先应该抓好制造过程的每一个环节，尤其是要防患于未然。如果等到产品质量出了问题再去采取补救措施，不仅要付出额外的成本，而且会严重损害企业的形象，吓跑潜在的市场和消费者。

加强质量管理的过程控制，不单是在产品的制造过程加强质量控制，而是要将此伸延到制造的上下游环节。比如对原材料采购、技术研发、物流、售后服务等环节进行控制。实践表明，产品质量事故的酿成，由制造环节造成的只占很小的比例，主要是由于技术研发不过关、原材料不合格造成的。加强技术研发的把关、原材料采购的把关，是加强质量管理控制的关键环节。

企业采用一项新技术，必须小心翼翼地对产品质量进行相关实验。拿家电来讲，电磁兼容、声学指标的测试，高温、高湿、冷冻、跌落等环境可靠性试验绝对不能少。一个产品正式推向市场前，首先是试产和内部员工试用，然后是小批量跟踪试销以及随后较大规模区域市场投放，这几个步骤是不能任意删减的，这个刻板的"教条"，是杜绝产品出现质量事故的铁的原则。

一个具有远大理想与目标的企业，要有专门的质量工程师帮助上游供应商进行培训、诊断、改进革新，供应商的进步有助于原材料品质的提高。在采购环节中，必须坚持"质量第一、价格第二"的原则，遵从"99＝0""1＝100"的采购哲学观。就是说：如果一件产品有100个零部件，只要有一个不合格，这件产品就是完全失败的产品。而在保证零部件质量上增加一元的投入则可能从减少服务费用、增加品牌价值上相对收益100元。

4. 强化质量管理的执行力

质量管理工作牵涉面广，要使其落到实处，除要领导重视、严格标准、严厉处罚以外，还需要全体干部员工自觉维护执行。从某种意义上讲，企业就是一个执行的团队。企业的团队水平主要体现团队的竞争力，这个团队的执行力分解到个人就是执行。什么叫好的执行呢？简而言之，"全心全意、立即行动"。不能做到这一点，就不可能有好的执行，企业就不可能有好的执行力，就不是好的团队。自然，依靠这样的团队去抓质量工作，效果也就无从谈起。

"人品决定产品"。劳动力素质、劳动者的态度其实都在影响着产品质量。因此，强化质量管理的执行力，首先要提高质量管理人员的素质。选择质量管理人员，要挑选那些富有责任心同时又有创新意识和灵活性的管理者，而选择质量检验人员，最好选择那些性格比较正直、严谨甚至是"苛刻"的员工，并且给予较高的待遇、能发挥才能和作用的工作环境。

此外，还要倡导质量监督之风。每个下游环节员工就是上游环节的质量监督员，出现质量问题及时反馈给上游，杜绝不合格产品从自己手中流入下个生产环节。事实证明：制约产品质量提高的关键因素往往不是制度不够，而是缺乏监督。

（四）产品的生命周期

产品的生命周期，亦称"商品生命周期"，是指产品从准备进入市场开始到被淘汰退出市场为止的全部运动过程，是由需求与技术的生产周期所决定，是产品或商品在市场运动中的经济寿命，也即在市场流通过程中，由于消费者的需求变化以及影响市场的其他因素所造成的商品由盛转衰的周期。主要是由消费者的消费方式、消费水平、消费结构和消费心理的变化所决定的。一般分为导入（进入）期、成长期、成熟期（饱和期）、衰退（衰落）期四个阶段。

（1）导入期。新产品投入市场，便进入导入期。此时，顾客对产品还不了解，只有少数追求新奇的顾客可能购买，销售量很低。为了扩展销路，需要大量的促销费用，对产品进行宣传。在这一阶段，由于技术方面的原因，产品不能大批量生产，因而成本高，销售额增长缓慢，企业不但得不到利润，反而可能亏损。产品也有待进一步完善。导入期的特征是产品销量少，促销费用高，制造成本高，销售利润很低甚至为负值。根据这一阶段的特点，企业应努力做到：投入市场的产品要有针对性；进入市场的时机要合适；设法把销售力量直接投向最有可能的购买者，使市场尽快接受该产品，以缩短介绍期，更快地进入成长期。

（2）成长期。这时顾客对产品已经熟悉，大量的新顾客开始购买，市场逐步扩大。产品大批量生产，生产成本相对降低，企业的销售额迅速上升，利润也迅速增长。竞争者看到有利可图，将纷纷进入市场参与竞争，使同类产品供给量增加，价格随之下降，企业利润增长速度逐步减慢，最后达到生命周期利润的最高点。

（3）成熟期。市场需求趋向饱和，潜在的顾客已经很少，销售额增长缓慢直至转而下降，标志着产品进入了成熟期。在这一阶段，竞争逐渐加剧，产品售价降低，促销费用增加，企业利润下降。

（4）衰退期。随着科学技术的发展，新产品或新的代用品出现，将使顾客的消费习惯发生改变，转向其他产品，从而使原来产品的销售额和利润额迅速下降。于是，产品又进入了衰退期。

（五）不同周期内的产品营销策略

1. 导入期的营销策略

导入期的特征是产品销量少，促销费用高，制造成本高，销售利润很低甚至为负值。根据这一阶段的特点，企业应努力做到：投入市场的产品要有针对性；进入市场的时机要合适；设法把销售力量直接投向最有可能的购买者，使市场尽快接受该产品，以缩短介绍期，更快地进入成长期。

在产品的导入期，一般可以由产品、分销、价格、促销四个基本要素组合成各种不同的市场营销策略。仅将价格高低与促销费用高低结合起来考虑，就有下面四种策略：

（1）快速撇脂策略。即以高价格、高促销费用推出新产品。实行高价策略可在每单位销售额中获取最大利润，尽快收回投资；高促销费用能够快速建立知名度，占领市场。实施这一策略须具备以下条件：产品有较大的需求潜力；目标顾客求新心理强，急于购买新产品；企业面临潜在竞争者的威胁，需要及早树立品牌形象。一般而言，在产品引入阶段，只要新产品比替代的产品有明显的优势，市场对其价格就不会那么计较。

（2）缓慢撇脂策略。以高价格、低促销费用推出新产品，目的是以尽可能低的费用开支求得更多的利润。实施这一策略的条件是：市场规模较小，产品已有一定的知名度，目标顾客愿意支付高价，潜在竞争的威胁不大。

（3）快速渗透策略。以低价格、高促销费用推出新产品。目的在于先发制人，以最快的速度打入市场，取得尽可能大的市场占有率。然后再随着销量和产量的扩大，使单位成本降低，取得规模效益。实施这一策略的条件是：该产品市场容量相当大；潜在消费者对产品不了解，且对价格十分敏感；潜在竞争较为激烈；产品的单位制造成本可随生产规模和销售量的扩大迅速降低。

（4）缓慢渗透策略。以低价格、低促销费用推出新产品。低价可扩大销售，低促销费用可降低营销成本，增加利润。这种策略的适用条件是：市场容量很大；市场上该产品的知名度较高；市场对价格十分敏感；存在某些潜在的竞争者，但威胁不大。

2．成长期市场营销策略

新产品经过市场导入期以后，消费者对该产品已经熟悉，消费习惯也已形成，销售量迅速增长，这种新产品就进入了成长期。进入成长期以后，老顾客重复购买，并且带来了新的顾客，销售量激增，企业利润迅速增长，在这一阶段利润达到高峰。随着销售量的增大，企业生产规模也逐步扩大，产品成本逐步降低，新的竞争者会投入竞争。随着竞争的加剧，新的产品特性开始出现，产品市场开始细分，分销渠道增加。企业为维持市场的继续成长，需要保持或稍微增加促销费用，但由于销量增加，平均促销费用有所下降。针对成长期的特点，企业为维持其市场增长率，延长获取最大利润的时间，可以采取下面四种策略：

（1）改善产品品质。如增加新的功能，改变产品款式，发展新的型号，开发新的用途等。对产品进行改进，可以提高产品的竞争能力，满足顾客更广泛的需求，吸引更多的顾客。

（2）寻找新的细分市场。通过市场细分，找到新的尚未满足的细分市场，根据其需要组织生产，迅速进入这一新的市场。

（3）改变广告宣传的重点。把广告宣传的重心从介绍产品转到建立产品形象上来，树立产品名牌，维系老顾客，吸引新顾客。

（4）适时降价。在适当的时机，可以采取降价策略，以激发那些对价格比较敏感的消费者产生购买动机和采取购买行动。

3．成熟期市场营销策略

进入成熟期以后，产品的销售量增长缓慢，逐步达到最高峰，然后缓慢下降；产品的销售利润也从成长期的最高点开始下降；市场竞争非常激烈，各种品牌、各种款式的同类产品不断出现。

对成熟期的产品，宜采取主动出击的策略，使成熟期延长，或使产品生命周期出现再循环。为此，可以采取以下三种策略。

（1）市场调整。这种策略不是要调整产品本身，而是发现产品的新用途、寻求新的用户或改变推销方式等，以使产品销售量得以扩大。

（2）产品调整。这种策略是通过产品自身的调整来满足顾客的不同需要，吸引有不同需求的顾客。整体产品概念的任何一层次的调整都可视为产品再推出。

（3）市场营销组合调整。即通过对产品、定价、渠道、促销四个市场营销组合因素加以综合调整，刺激销售量的回升。常用的方法包括降价、提高促销水平、扩展分销渠道和提高服务质量等。

4．衰退期市场营销策略

衰退期的主要特点：产品销售量急剧下降，企业从这种产品中获得的利润很低甚至为零，大量的竞争者退出市场，消费者的消费习惯已发生改变等。面对处于衰退期的产品，企业需要进行认真的研究分析，决定采取什么策略，在什么时间退出市场。通常有以下四种策略可供选择：

（1）继续策略。继续沿用过去的策略，仍按照原来的细分市场，使用相同的分销渠道、定价及促销方式，直到这种产品完全退出市场为止。

（2）集中策略。把企业能力和资源集中在最有利的细分市场和分销渠道上，从中获取利润。这样有利于缩短产品退出市场的时间，同时又能为企业创造更多的利润。

（3）收缩策略。抛弃无希望的顾客群体，大幅度降低促销水平，尽量减少促销费用，以增加利润。这样可能导致产品在市场上的衰退加速，但也能从忠实于这种产品的顾客中得到利润。

（4）放弃策略。对于衰退比较迅速的产品，应该当机立断，放弃经营。可以采取完全放弃的形式，如把产品完全转移出去或立即停止生产；也可采取逐步放弃的方式，使其所占用的资源逐步转向其他的产品。

分析与思考：

举例说明哪些企业的产品和服务给你留下了深刻的印象，良好的产品和服务对企业的发展有何重要作用。

四、企业物质文化中的职业道德

情景导入：

宝洁公司的企业文化

创建于 1837 年的宝洁公司，是全世界最大的日用消费品公司之一。2003—2004 年财政年度，公司全年销售额为 514 亿美元。在《财富》杂志最新评选出的全球 500 家最大工业/服务业企业中，排名第 86 位。宝洁公司全球雇员近 10 万，在全球 80 多个国家设有工厂及分公司，所经营的 300 多个品牌的产品畅销 160 多个国家和地区，其中包括织物及家居护理、美发美容、婴儿及家庭护理、健康护理、食品及饮料等。经过 174 年的发展，宝洁公司拥有了登峰造极的品牌信誉和号召力，这些成绩的取得与宝洁的品牌文化有着密不可分的联系。

公司一直以"生产和提供世界一流的产品，美化消费者的生活"为企业使命，在世界各地生产出了众多质量一流、深受消费者喜爱的产品。宝洁对美的不懈追求，成就了它的辉煌。宝洁公司一直把人才视为公司最宝贵的财富，十分注重员工相互间的交流和沟通，重视人才培养和发展，对员工的大量培训使宝洁员工的个人素质得到极大的提高，同样，对宝洁的长期发展是极其有利的。以人为本，尊重员工，为员工的切实利益而着想，不断培训员工，使他们乐于为公司贡献自己的才华，这就是宝洁对"人"的认识。尊重员工，与员工良性互动，让员工成为公司真正的主人。宝洁背后是一种体现适应性、创造性、开放性和导向性的企业文化；它的常胜之道在于了解顾客、不断创新，并以此来满足消费者的需求。公司秉承"不断创新是企业制胜的法宝，服务社会是宝洁的一贯作风"的企业宗旨，积极与社会联系、对社会奉献是宝洁一向主张和作风。"取诸社会，用诸社会"是宝洁一贯恪守的原则，在"生产世界一流产品，美化人们生活"的同时，保洁也要成为具有高度社会责任感的企业公民，尽己所能回报社会。近几年，宝洁公司在中国已累计向社会捐助 5000 多万人民币，用于支持发展教育、健康等各项社会公益事业。宝洁公司优秀的企业文化成为它历经百年而不断前进的不竭动力。

思考： 企业应该怎样将职业道德融入企业文化当中？职业道德在企业物质文化中的作用有哪些？

（一）企业标志如何体现职业道德

职业道德是社会道德体系的重要组成部分，它一方面具有社会道德的一般作用，另一方面它又具有自身的特殊作用，既能调节职业交往中从业人员内部以及从业人员与服务对象间的关系，有助于维护和提高本行业的信誉，促进本行业的发展，更有助于提高全社会的道德水平。企业标志又是人们通过视觉认识企业的一种形式，一种包含着特殊意义的符号，以精练之形传达特定含义和信念，是人们相互交流、传递信息的视觉语言。它不仅仅是一个简单的符号，更标志承载着企业的无形资产，是企业综合信息传递的媒介。所以，在企业标识中融入职业道德就势在必行了。

（1）在融入职业道德的时候，首先要借助于设计的帮助，使企业的形象统一，同时统一日常工作中经常使用的名片、信纸、画册的设计等就会更加令人难忘，它所起的作用比没使用前会大很多。

（2）成功的标志设计能给企业一个特别的身份证明，人们通过标志传达的信息才来预定或购买的，很难想象肯德基没了那个老爷爷独特商标，耐克没有了圆滑流畅的弧线，人们还会记起他们吗？

（3）一个标志就是可以以货币计算的企业资产，它能成为一个区别于你的竞争对手的最好形式。一个现代企业的标志质量高低在很大程度上决定了他的成功或失败，这是显而易见的！商标和标志组成了最通用的国际语言。一个优秀的企业标志能冲破很多障碍，为客户传达出准确而统一的声音。

每一个成功的公司都有许多自己的特色。正如我们人类的性格一样是复杂的，公司也必然是一个复杂的组合体，一个成功的企业标志就是把复杂的特征提炼升华，形成一个简洁明了的信息，并随着时间推移继续控制、改良、改进而成熟并进一步地发扬光大。企业的标志设计一定要与其他公司有不同之处，要传达出企业的价值、质量与可信度等信息。企业标志设计的作用要能彰显企业的文化价值观念，传达企业的道德形象，所以企业标识在传递企业的文化信息和道德形象方面，总要以普世的、符合人类社会各民族文化价值、宗教信仰、审美情趣以及本民族的文化价值、社会传统的形式表达。

（二）企业环境和建筑物蕴含的职业道德

企业工作环境是企业员工从事产品生产和服务的场所，使员工得以发挥能力水平。企业发展战略的任何一个步骤、一个重点、一个层次、一个部分、一个阶段，都要在这个平台上得以实现。这个平台是企业发展的核心，所以企业工作环境中的实物形态和人文形态，从视觉传达到感觉表象，从视听环境到嗅觉环境，从外形特征到内部装饰，从道路走向到植被绿化，从设施布局到物流走向，都要给社会公众和利益相关者和谐、整洁、有序、蓬勃向上的精神气质和管理态势，给人以深刻印象，以表明这是一个向上的、对社会负有重大责任的企业。当企业员工、社会任何人员走入企业，从入口处就明显地感到其与众不同，标语设计、环境设计都向人们展示了企业的文化坐标和道德指向。从中外知名企业看每一企业的工作环境无不都是如此，在工作环境、建筑物这一外在形式上，彰显出企业的文化价值观和道德价值指向，其共同点总是表现出：向上、进取、团结、文明、对利益相关者负责、对社会负责、对环境生态负责的职业道德素养和风范。企业的制度文化、行为文化、精神文化总是在物质环境、在企业工作环境中体现出来。以人为本的制度文化、对社会负责的催人向上的行为文化、价值提升的精神文化，总是在企业工作环境中得以表达和实现。纵观国际知名大企业和国内竞争力强的知名企业，无不都在企业工作环境中精湛地设计企业的文化价值和职业道德指向，作为核心价值体系在环境中表达，向员工宣示企业的文化和道德似润物无声，给员工以视觉、行为、理念的传达，滋润孕育员工的文化价值和道德规范。而企业生活环境，则以整洁、有序、宽松和健康的形象体现企业的职业道德和文化价值指向。

企业建筑物作为企业最突出的物质形式，作为文化的积淀，除反映民族文化内涵外，也要反映企业的道德价值指向。从视觉传达、听觉传达、表象记忆上，给员工和社会各层人员、利益相关者以庄重平和、历史传统、现代气息、持续发展、社会支柱的形象宣示，它给人的是时代的、前进的、发展的、继承着民族与国家使命的、对社会有责任心的一种道德形象表达。中外知名企业在建筑物的设计建造上，都可以看到这些。所以企业建筑物的设计、建造应该体现企业的道德规范道德价值，应向社会和利益相关者以及企业员工表达出企业道德示范、道德弘扬等信息。

拓展阅读：

海尔中心大楼

海尔中心大楼建成于 1994 年 10 月，坐落在海尔工业园最北端，采用宫灯式的造型设计，地下 1 层，地上 12 层，高 48.8 米。

大楼见证了海尔创业奋斗、打造世界品牌和贡献社会的发展历程，是青岛打造"品牌之都"形象的独特标志，被评为青岛市十大标志性建筑之一，每年都有许多海内外人士前来参观访问，得到了全世界广泛的关注。海尔是世界的，首先是民族的。这座特色鲜明的办公大楼，积聚着浓厚的民族文化。整体建筑从外面看是个长方体，但从一层大厅内往上看，却是个圆形。为何采取这样的建筑风格？这里结合了管理学经典的理念——思方行圆，即在思想上，尽可能地按规则、律法、制度去思考，志存高远，多方辐射，想得缜密、周全，这叫思方；在行动上，既需雷厉风行，又需见机行事，委婉圆通办事，平和善意待人，这叫行圆。

在这栋大楼设计的一些细节上，流传的版本各式各样，但主要内容还是大同小异。四个大红柱代表"春夏秋冬"四个季节，也有说代表海尔"科工贸金"四大产业支柱；大楼地上 12 层，代表着一年 12 个月；大楼挂着 24 个大红灯笼，代表着农业的二十四节气；整个大楼窗户的大小玻璃总计 365 块（没有真正数过），代表着一年 365 天；大楼周围是一个水渠，水代表着财富，不断流动着，体现财源滚滚，同时也寓意着海尔发展无止境的。

（三）职业道德在企业产品和服务中的彰显

产品和服务是企业文化价值、职业道德在物质形态上的积淀和彰显，企业的文化价值、职业道德形象、社会责任风范、国家民族使命的担当都要在企业的产品和服务中体现出来。企业的产品和服务是向社会和利益相关者提交企业操守和品性的资质。对社会负有责任对国家负有使命的企业，在追求经济利益的同时，无不都注重产品和服务所彰显的文化价值职业道德形象。从产品的造型设计和产品制造上，千方百计地反映消费者的审美情趣、文化传统、时代气息，触发引领消费者的消费新观念，创造消费者新的消费方式。以健康、新颖、时尚、安全、亲和诚信、资源节约、环境友善的现代产品设计和制造体现企业道德形象、文化价值、社会责任、民族使命。中国知名企业海尔集团、华旗资讯、华为集团等均是如此，在产品设计和制造中、体现企业物质文化、行为文化、制度文化、精神文化各层面蕴含的文化价值和道德形象。企业产品设计、制造、销售、售后服务的整个过程，实际上是企业彰显文化价值和职业道德形象的过程。而文化价值、道德形象的彰显向社会展示了企业的责任心、操守和能力、公正和效率。

拓展阅读：

美的集团的发展

创立于1968年的美的集团，是一家以家电业为主，涉足物流等领域的大型综合性现代化企业集团，旗下拥有三家上市公司、四大产业集团，是中国最具规模的白色家电生产基地和出口基地之一。

1980年，美的正式进入家电业，1981年开始使用美的品牌。目前，美的集团员工13万人，旗下拥有美的、小天鹅、威灵、华凌等十余个品牌。除顺德总部外，美的集团还在国内的广州，中山，重庆，安徽合肥及芜湖，湖北武汉及荆州，江苏无锡、淮安及苏州，山西临汾，河北邯郸等地建有生产基地；并在越南、白俄罗斯建有生产基地。美的集团在全国各地设有强大的营销网络，并在海外各主要市场设有超过30个分支机构。

美的集团主要产品有家用空调、商用空调、大型中央空调、冰箱、洗衣机、饮水机、电饭煲、电磁炉、电压力锅、微波炉、烤箱、风扇、取暖器、空气清新机、洗碗机、消毒柜、抽油烟机、热水器、吸尘器、豆浆机、电水壶等家电产品和空调压缩机、冰箱压缩机、电机、磁控管、变压器等家电配件产品，拥有中国最大最完整的空调产业链、微波炉产业链、洗衣机产业链、冰箱产业链和洗碗机产业链，拥有中国最大最完整的小家电产品群和厨房家电产品群。

美的集团一直保持着健康、稳定、快速的增长。20世纪80年代平均增长速度为60%，90年代平均增长速度为50%。21世纪以来，年均增长速度超过30%。

2009年，美的集团整体实现销售收入达950亿元，同比增长6%，其中出口额34亿美元。在"2009中国最有价值品牌"的评定中，美的品牌价值达到453.33亿元，名列全国最有价值品牌第六位。

2009年8月，在中国企业联合会、中国企业家协会发布的"中国企业500强"中，美的集团列第 69 位。2010 年 2 月，在国际权威品牌价值评估机构英国品牌顾问公司（Brand Finance）公布的"全球最有价值 500 品牌排行榜"中，美的集团作为唯一的中国家电企业入选。

在保持高速增长的同时，美的集团也为地方经济发展做出了积极贡献，从 2002 年至 2020 年，上缴税收超过 150 亿元。截至 2010 年 2 月，美的集团已为社会福利、教育事业等累计捐赠超过 2 亿元。

美的空调服务宗旨：顾客永远是第一位的。美的空调坚持以用户为中心，强化各项服务工作，全面实施"用户满意工程"，为每一位美的顾客认真做足 100 分！

按照这个理念，美的产品从设计开始就引入了服务概念，每一台美的空调的销售仅仅是为顾客服务的开始。美的已将传统的售后服务提升为顾客服务，将服务内涵延伸到产品设计、生产、营销和售后服务的这一系列环节中。

展望未来，美的集团将通过持续稳健发展，发展成为全球化、科技化、适度多元化的具备完善法人治理结构的企业集团，到 2015 年成为全球前三的世界级白色家电类制造企业集团并实现"再造一个美的"的战略目标。

任务四　分析国家电网有限公司的物质文化

国家电网有限公司成立于 2002 年 12 月 29 日，是根据《中华人民共和国公司法》规定设立的中央直接管理的国有独资公司，是关系国民经济命脉和国家能源安全的特大型国有重点骨干企业。公司以投资、建设、运营电网为核心业务，承担着保障安全、经济、清洁、可持续电力供应的基本使命。

公司经营区域覆盖 26 个省（自治区、直辖市），覆盖国土面积 88% 以上，供电服务人口超过 11 亿人。公司注册资本 8295 亿元，资产总额 38088.3 亿元。

公司连续 16 年获评中央企业业绩考核 A 级企业，2016—2018 年蝉联《财富》世界 500 强第 2 位、中国 500 强企业第 1 位，是全球最大的公用事业企业。2018 年 12 月，世界品牌实验室编制的《2018 世界品牌 500 强》揭晓，国家电网有限公司排名第 30。2019 年 7 月 22 日，《财富》世界 500 强排行榜发布，国家电网有限公司位列第 5 位。2019 年 9 月 1 日，2019 中国战略性新兴产业领军企业 100 强榜单在济南发布，国家电网有限公司排名第 20 位；2019 中国服务业企业 500 强榜单在济南发布，国家电网有限公司排名第 1 位。2019 年 12 月 18 日，《人民日报》发布中国品牌发展指数 100 榜单，国家电网排名第 8 位。2020 年 4 月，入选国务院国资委"科改示范企业"名单。2020 年 8 月 10 日，《财富》世界 500 强排行榜发布，国家电网有限公司位列第 3 位。

一、国家电网公司的企业标志

国家电网公司的标志（Logo）（如图 3—11 所示）有着极其丰富的含义，标志的设计理念也在一定程度上反映了国家电网的服务宗旨，国网的奋斗目标，以及国网的职业道德，等等。标志的设计总体是呈一个圆形，主体有着横竖各两条呈弧形弯曲的不均匀线条，外围印着"国家电网公司"六个汉字，以及与"国家电网公司"六个汉字相对应的英文"STATE GRID CORPORATION OF CHINA"

（1）球形的标志涵盖了国有大企业无限发展的特征，突出了企业实力。

（2）圆形图案是企业团结、力量的象征。又寓意在新的市场格局中，企业与客户互惠互利，共同发展的和谐关系。

（3）纵横相交的二组经纬代表了国家电网公司"经营电网"的核心业务，也寓意能源安全、合理、及时的传输。

（4）标志的标准色为深绿色，代表国家电网公司向社会提供的是洁净能源。

图 3-11　国家电网标志

（5）标志外环是企业的名称。这种国际化的组合赋予标志极大的亲和力，视觉效果友好、真诚，突出了企业服务的性质，树立了良好的社会形象。

（6）标志集图案和名称于一体，使今后推广使用简捷迅速。

二、国家电网公司的规章制度

企业规章制度是企业用于规范企业全体成员及企业所有经济活动的标准和规定，它是企业内部经济责任制的具体化。企业规章制度对本企业具有普遍性和强制性，任何人、任何部门都必须遵守。企业规章制度大致可分为企业基本制度、企业工作制度和企业责任制度。企业规章制度的制定，应体现企业经济活动的特点和要求。企业规章制度的制定要以《中华人民共和国劳动法》为具体依据，不能出现违背相关法律条款的行为。

拓展阅读：

制度与纪律才是管理的核心

格力电器持续发展的成功之道，在于高度重视制度的标准化、规范化，而非人性化。作为一名管理者，董明珠爱憎分明、不留情面的真性情，是其管理风格的体现。凡事不必为了迎合员工而隐忍不发，而是直面问题、大胆解决问题，也是董明珠的一贯的管理之道。董明珠说，我这一路可以说是拼拼杀杀出来的，我认为任何人在我面前只有一句话：按照制度。制度是标准，不是我是标准，也不是哪个领导是标准。一个企业他的风格来自一把手。这一把手很重要，重要到你的一言一行都会对一个企业产生一个文化，所以我一直致力于打造格力电器的管理模式。要不断地去完善改变企业的规章制度，废除一些不合理制度，再设定一些更好的制度，这就是格力电器成功的地方，制度建设在这个过程当中，不断推动着格力电器往更高更远的目标发展。

为大力弘扬社会主义核心价值观和"努力超越、追求卓越"的企业精神，规范员工管理，加强队伍建设，激发广大员工的工作积极性和创造性，促进企业和谐健康发展，依据《中华人民共和国劳动法》和《中华人民共和国劳动合同法》等国家有关法律法规，结合国家电网公司（以下简称"公司"）实际，国家电网公司制定了一系列规章制度。

三、国家电网公司的工作环境和生活环境

国家电网作为世界五百强之一的大型国有企业，除了将服务党和国家工作大局、服务电力客户、服务电力企业、服务经济社会发展这"四个服务"作为发展根本外，还一直坚持"以人为本"的方针政策，为公司所有员工创造提供良好的工作环境和生活环境。公司不仅重视员工的工作环境，而且对员工的业余生活的关心也丝毫没有马虎，像健身房、员工活动室这些自然不必多说，有些单位还有为员工新建了图书馆、VR 体验馆、电影院等设施，多渠道，多方位满足员工的生活娱乐所需。

四、国家电网公司的产品和服务

国家电网的核心业务是坚强智能电网。电网是高效快捷的能源输送通道和优化配置平台，是能源电力可持续发展的关键环节，在现代能源供应体系中发挥着重要的枢纽作用，关系国家能源安全。2010 年以来，国家电网规模增长近一倍，保障了经济社会发展对能源电力的需求。截至 2020 年底，国家电网清洁能源机组并网容量 73572 万千瓦，占并网总容量的 43.18%，经营区域内清洁能源装机容量增长 90%。累计消耗清洁能源 7.4 万亿千瓦时。2020 年，公司售电量达到 45783 亿千瓦时，电网投资 4605 亿元，建成充电桩 17.2 万个。

此外，国家电网还开辟实施"一带一路"建设，这是我国适应和引领全球化、构建全方位开放发展新格局的重大举措。近年来，国家电网公司遵循共商、共建、共享和平等互利的原则，立足主业，发挥企业优势，积极服务和参与"一带一路"建设，成功投资运营巴西、菲律宾、葡萄牙、澳大利亚、意大利、希腊等 6 个国家骨干能源网，在全球设立 10 个办事处，在美国和德国设立研究院。国家电网公司在推进"一带一路"建设和国际化发展过程中，坚持长期战略，实施本土化运营；坚持规范运作，实现长治久安；坚持共享发展，促进合作共赢。国家电网公司投资和承建的项目均关系当地经济社会发展，是各个国家和地区的重要基础设施，所有项目运营平稳、管理规范，得到当地社会和监管机构的充分肯定和高度评价，建立了良好的国际信誉。国家电网公司多个项目在国际上成为"金字名片"，为当地创造经济、社会和环境价值，树立了负责任的国际化企业形象。

作为服务型企业，供电企业的优质服务既是广大电力客户的需求，也是企业自身发展的客观要求。公司以"优质、方便、规范、真诚"的服务方针，通过规范服务流程、强化服务理念、完善服务标准、认真履行供电服务承诺等，全心全意提升服务质量，千方百计满足客户需求。试想，如果我们在接待工作中或与客户的交谈中，冷淡客户、恶语相向，我们所做的一切努力都将是徒劳。

五、国家电网物质文化中的职业道德

优秀的物质文化能更好地传播公司核心价值观，引导员工自觉规范言行，促进企业文化建设规范化、标准化，塑造公司统一品牌和形象，增强企业文化的穿透力、影响力和震撼力。通过实施企业物质文化建设，国家电网公司基本价值理念的认知认同度大力提升，员工归属感能明显增强。

国家电网公司在建设企业物质文化时，一般采用以下五种形式。

（1）采用口号墙、文化展示牌、艺术作品、电子显示屏等形式展示公司基本价值理念、科学发展战略、员工行为规范和公司管理思想"四项内容"，将其体现在办公、会议、生产和施工、营业等"四个场所"，明确公司总部、网省公司、地市公司、县级公司"四级职责"，按照组织策划、组织实施、检查考核、持续改进"四个环节"，统一品牌、统一形象，推进统一的优秀企业文化建设，提升国家电网品牌形象。办公场所的企业文化环境应该大方庄重，充分展示国网企业文化，展示企业精神。

（2）在主办公楼外墙显著位置，以大方、庄重的表现形式，展示社会主义核心价值观。在办公场所室外区域，选择文化展示牌、园艺、雕塑等形式，营造氛围。

（3）在办公楼走廊、楼梯过道、电梯轿厢等公共场所，以文化展示牌、电子屏等简洁、醒目的表现形式，展示公司基本价值理念、科学发展战略和公司党组管理思想。

（4）在办公室内，以大方简洁的形式，展示公司行为准则、公司员工守则、岗位行为规范和工作目标等。

（5）在主要办公工作区域，悬挂或摆放本单位获得的重要荣誉奖杯、奖牌、奖状和证书等，有条件的可设荣誉室或陈列室。

另外，在各类会议室，准确规范应用"国家电网"品牌标识，选择标语、文化展示牌、艺术作品等与环境相协调的表现形式，展示公司基本价值理念和科学发展战略，并根据需要设置整洁、大方、符合礼仪规范的会议背景板、发言席、单位标识牌和分布示意图等；在党员活动室、团员活动室、职工之家、班组园地等员工活动场所，推广应用"国家电网"品牌标识，选择与环境相协调的表现形式展示公司基本价值理念等内容；在生产场所，选择适当、简洁、醒目的表现形式，展示公司基本价值理念、安全理念和安全警示标语、符号等内容，根据需要，利用箱式变压器、电缆分支箱、杆塔等供电设备设施，推广应用"国家电网"品牌标识，展示公司供电设备设施，推广应用"国家电网"品牌标识，展示公司基本价值理念，在规模较大的施工场所，在不影响安全作业的前提下，采用适当表现形式，因地制宜地展示公司基本价值理念、安全理念和安全警示标语、符号等内容。

通过一系列的物质文化建设途径，国家电网公司基本价值理念得到了广泛传播，进一步入眼、入耳、入脑、入心，树立了"一个国家电网"观念，"我是国家电网人"意识进一步增强，"国家电网"品牌形象更加彰显。

国家电网公司以构建能源互联网、保障国家能源安全、服务人民美好生活为宗旨，牢记使命，落实习近平总书记"四个革命、一个合作"能源安全新战略，顺应能源革命和数字革命融合发展趋势，构建以电为中心，以坚强智能电网和泛在电力物联网为基础

平台，深度融合先进能源技术、现代信息通信技术和控制技术，实现多能互补、智能互动、泛在互联的智慧能源网络，助力低碳清洁、安全高效的能源体系建设，积极履行政治责任、经济责任和社会责任，践行国有企业"六个力量"新的历史地位，在保障国家能源安全、服务经济社会发展和人民美好生活中当排头、做表率。把坚持以客户为中心的理念贯穿始终，在公司生产经营全过程中，以市场需求为导向，大力弘扬工匠精神、专业精神，不断提高专业能力和水平，集中精力、心无旁骛，以钉钉子精神做好每一项工作，永不自满、永不停顿，努力做到今天比昨天做得好、明天比今天做得更好——努力超越、追求卓越。电网人始终保持强烈的事业心、责任感，向着世界一流水平持续奋进，敢为人先、勇当排头，不断超越过去、超越他人、超越自我，坚持不懈地向更高质量发展、向更高目标迈进，精益求精、臻于至善。

拓展阅读：

电网人的工匠精神

王进同志于 1998 年 11 月参加工作，2012 年 6 月加入中国共产党，现任国网山东检修公司输电检修中心带电作业班副班长、全国示范性劳模和工匠人才创新工作室"王进劳模创新工作室"带头人，光荣当选党的十九大代表、第十二届全国青联常委、中国能源化学地质工会兼职副主席。他扎根一线 21 年，以初心筑匠心，从一名普通线路工人成长为行业顶尖的技能专家，是±660 千伏带电作业世界第一人，在平凡的岗位上创造出不平凡的业绩，用"敬业乐业、专业专注、精益求精"的工匠精神，唱响了新时代的劳动者之歌。王进曾荣获全国劳动模范、全国五一劳动奖章、中国五四青年奖章、全国道德模范提名奖、全国"最美职工"、山东省优秀共产党员、国家电网公司特等劳动模范等荣誉称号。前不久，中华全国总工会授予王进"大国工匠"称号。

多年来，王进苦练带电作业专业技能，练就了"一声辨、一眼定、一招准、一线稳"四大绝活，累计开展特、超高压带电作业 300 余次，缩短停电时间 700 多小时。在 2011 年世界首次±660 千伏直流带电作业中，面对±660 千伏的高压、56 米高的高空，他凭着精湛的技艺，仅用 55 分钟，就成功处理了线夹开口销脱落的缺陷。为了这次带电作业，王进和同事们反复试验论证，用 2 万多个翔实的数据，制定了±660 千伏带电作业成套技术标准，研制出"±660 千伏电位转移棒"等专用工器具。2015 年，带电作业创新成果获得国家科技进步二等奖。此外，依托 660 千伏直流带电作业的技术经验，通过团队的不懈努力，2017 年，王进团队又实现了 1000 千伏特高压带电作业。

目前，王进又带领他的创新团队开展了"基于线路可视化和无人机技术的输电专业智能运检"应用研究，经过大量的调研论证和联合技术攻关。今年下半年，就将完成线路可视化装置的全覆盖和无人机的增量配置，在全国率先实现"以可视化替代通道人工巡视""以无人机替代本体人工巡视"，打造电网运检模式革命性变革的"山东样板"。

作为党的十九大代表，王进自豪地说："我幸运生活在中国繁荣发展的新时代，幸运成长在国家电网这片沃土上。参加工作 21 年，我见证了电网从低压到特高压的跨越发展，领略了无数电网人奔跑逐梦的奋斗故事。作为一名国家电网人，让人民群众每时每刻都能用上电、用好电，是我们每一名电网人的心愿。我要做的，就是敢想敢干，做到最好！"

正是他这种精神，正是千千万万的这种精神，才创造了国家电网，才使得中国电力走出国门，面向世界，这难道不是一种文化，来自中国人民内心深处的文化，有着华夏五千年的中国文化。这种精神或者说是文化也体现出一个国企应有的职业道德与品质。

电力企业的发展过程中，企业文化的建设是其重要的组成部分，占有重要的地位，良好的企业文化能为电力企业的发展创造良好的发展环境，提高企业知名度，将企业文化扎根于基层企业中，以充分发挥企业文化的作用，与企业的发展目标保持一致，从而获得客户的信任，为企业可持续发展提供可靠的保障。电力企业的经营活动须以经济效益为中心，以企业产品、企业服务和企业物质文化中的职业道德为"三全"口号，把企业产品、服务和职业道德三个要点全面贯彻落实，这样才能将国家电网不断发展壮大，开拓新的领域，继续保持全球领先地位。

动手与实践：

【实践内容1】"我眼中的校园"

实践背景：校园物质文化是校园环境建设的一部分，它是指校园硬件环境的配备与展示，包括园区环境的装点与室内环境的营造。良好的校园物质文化对帮助学生确立高尚的人生理想、健康的人生哲学、乐观的人生态度都是极其有益的。校园里的一尊雕塑、一幅壁画、一株花草，只要安置得合理，就可以收到很好的艺术熏陶效果。学生们生活其中，有意无意地在思想观念、心理素质、行为方式、价值取向诸方面都受到熏陶、感染，而这种心灵的塑造，完全不同于知识技能的培养，它只能靠校园物质文化环境的营造形成心灵的感应，精神的升华，观念的更新，从而实现学生时代良好性格的塑造。

实践要求：请搜集校园内各式各样的物质文化元素，形成物质文化微视频脚本，用手机拍摄微视频，并使用剪映等视频剪辑软件，完成视频制作，要求是横屏拍摄，有背景音乐、有文字、有配音的视频。

【实践内容2】"我眼中的供电营业厅"

实践要求：在参观供电公司营业厅以后，收集营业厅物质文化的素材，包括图片、文字等信息，形成文稿，采用PPT辅助进行讲解展示，并谈一谈对这些物质文化内容的印象和体会。

模块四 企业行为文化分析及实践

导 读：

在企业文化结构中，行为文化处于幔层（第二层），是员工在生产经营、学习娱乐中产生的活动文化，是企业经营风格、精神面貌、人际关系的动态表现，也是企业精神、企业价值观的折射。企业行为文化集中反映了企业的经营作风、经营目标、员工文化素质、员工的精神面貌等文化特征，它直接影响着企业经营业务的开展和经营活动的成效。企业行为文化建设的好坏，直接关系到企业职工工作积极性的发挥，关系到企业经营生产活动的开展，关系到整个企业未来的发展方向。认识企业行为文化，有助于员工从行为上更好地融入集体，通过在本职岗位履职尽责地开展工作，为公司、为社会做出更大的贡献。

学习目标：

（1）能了解企业行为文化的含义。

（2）能了解企业行为文化的作用。

（3）能了解企业内、外部行为文化的内容和范畴。

（4）能掌握企业行为文化的建设的途径和重要性。

（5）能掌握电网企业行为文化及特征。

（6）能掌握大学生在行为文化方面的实践方法。

情景导入：

企业包高铁送员工回家过年

在网购普及大江南北的今天，快递小哥成了我们身边不可或缺的角色。但是快递小哥也需要回家过年。某物流公司在2018年2月宣布了一个暖心决定，将包下一列高铁送这些快递小哥回家过年。北京、河北周边的快递员都能享受到这一辆暖心专列。专列发车时间，2月13日（大年二十八），尽可能照顾到回家最晚的快递员。无法享受团员专列的快递小哥，该公司会提供最高3000元的基金，鼓励这些员工将他们的家人接到身边过年。根据上述事例展开以下讨论：

（1）公司包高铁送员工回家过年在企业内部会产生怎样的效果？如果你是员工，你会怎么做？

（2）这样的企业文化对于企业来说能产生怎样的效益？

任务一 认识行为文化

一、企业行为文化的含义

企业行为文化即企业文化的行为层，是指企业员工在企业经营、教育宣传、人际关系活动、文娱体育活动中产生的文化现象。它主要包括企业及其员工的行为和企业人际关系。企业的行为文化是通过企业及员工的行为表现出来的，而企业人际关系就是企业及其员工围绕生产经营而进行的各种相互交往与联系。企业行为文化是企业经营作风、精神风貌、人际关系的动态体现，也是企业精神、企业价值观的折射。企业行为文化建设的好坏，直接关系到企业职工工作积极性的发挥，关系到企业经营生产活动的开展，关系到整个企业未来的发展方向。企业行为文化集中反映了企业的经营作风、经营目标、员工文化素质、员工的精神面貌等文化特征，它直接影响着企业经营业务的开展和经营活动的成效。

二、企业行为文化的作用

（一）行为文化是企业文化的重要载体

没有行为文化，企业文化就无法实现。人作为企业的构成主体，其行为当然蕴含着丰富的企业文化信息，是企业文化的重要载体，是企业文化最真实的表现。一个企业的企业文化的优劣、企业文化建设工作的成败，通过观察员工的日常精神面貌、做人做事的态度、工作中乃至社交场合的行为表现，就可以作出大致准确的分析判断。理念说得再美，制度定得再完善，都不如做得实在。

（二）行为文化建设是企业文化落地的关键环节

没有行为文化，理念和制度都是空谈，在企业文化构成的层次关系中，理念是企业文化的核心，是指导一切的思想源泉；制度是理念的延伸，对行为产生直接的规范和约束力；物质文化是人能看到的、听到的、接触到的企业具象的表现形式，但是这三个层次都是通过行为文化来表现的。企业行为是企业核心价值观和企业制度共同作用的结果，如果行为与企业精神、价值观和制度不一致，理念就成了海市蜃楼，制度也将是一纸空文；物质文化是行为的表现，有什么样的行为文化就会有什么样的物质文化。

（三）行为文化建设是实现价值观管理的必经之路

行为规范不是制度，而是倡导。制度是硬性的，而行为规范会根据不同的行为主体、不同对象采取不同的手段。如企业制度不会写上司用什么态度与下属说话，行为规范就可以写出来。行为文化就是通过文字规范进行约束，慢慢变成员工的习惯，不符合企业核心价值观的行为会被文化无形的力量纠正，不认可这种规范的人会被企业排斥。当员工已经完全接受了企业的核心价值观时，员工的行为会超越制度的要求。所以当员工的价值观与公司的核心价值观一致后，规章制度就退后了，制度约束的行为已经变成了员工的自觉行为，这就是以价值观为本的组织控制，是价值观的巨大力量。

分析与思考：

请举例说明身边看到的企业行为文化现象，并加以论述，说说这样的行为文化对员工、对企业、对社会有什么作用？

任务二　企业行为文化的内容及建设

一、企业行为文化的内容

（一）从人员结构划分

1. 企业家的行为

企业家是企业管理中的一种特殊的"角色丛"——思想家、设计师、牧师、艺术家、法官和朋友。企业家是理念体系的建立者，精通人生、生活、工作、经营哲学，富有创见，管理上明理在先，导行在后；企业家高瞻远瞩，敏锐地洞察企业内外的变化，为企业也为自己设计长远的战略和目标；企业家将自己的理念、战略和目标反复向员工传播，形成巨大的文化力量；企业家艺术化地处理人与工作、雇主与雇员、稳定与变革、求实与创新、所有权与经营权、经营权与管理权、集权与分权等关系；企业家公正地行使企业规章制度的"执法"权力，并且在识人、用人、激励人等方面学高为师、身正为范；企业家与员工保持良好的人际关系，关心、爱护员工及其家庭，并且在企业之外广交朋友，为企业争取必要的资源。在一定层面上，企业家的价值观代表了一个企业的价值观，"企业文化就是老板文化"的说法是有一定道理的。

海尔总裁张瑞敏在一次员工大会上，当着众人的面将100多台电冰箱砸烂。这就是企业家的行为，也正是这一砸，才砸出海尔这块响当当的牌子来。

2. 企业模范人物的行为

企业模范人物行为是指企业优秀干部和优秀职工所表现的良好行为。企业模范人物使企业的价值观人格化，他们是企业员工学习的榜样，他们的行为常常被企业员工作为仿效的行为规范。企业的模范行为可以分为企业模范个体的行为和企业模范群体的行为两类。企业模范个体的行为标准是体现企业价值观和企业精神的某个方面。一个企业中所有的模范人物的集合体构成企业的模范群体，模范群体必须是完整的企业精神的化身，是企业价值观的综合体现。企业模范群体的行为是企业模范个体典型行为的提升，具有全面性，因此在各方面它都应当成为企业所有员工的行为规范。

相关阅读：

国家电网四川电力（德阳）连心桥共产党员服务队队长鲁鹏：
二十三年爱心坚守　从一个人到一座城

（摘自《四川日报》2019年5月29日刊）

鲁鹏，国家电网四川电力（德阳）连心桥共产党员服务队队长，全国五一劳动奖章获得者。他二十三年如一日照看孤寡老人，帮贫扶困。从一个人到一座城，他带动志愿者们为群众办实事、解难事、做好事，以实际行动提升整个城市文明形象。

"在家嘛，我一会儿来看你。"近日，鲁鹏刚下班便给林菊红打电话。电话那头，86岁的林婆婆开心地笑了。

扫地、整理衣服、切菜……走进林婆婆位于德阳市旌阳区的家，鲁鹏就像回到自己家一样忙活开来。"这些过期的药可不能吃了。"看见茶几上的药品，他拿起来挨个检查生产日期。"好好好！"林婆婆笑着满口答应。

林婆婆3个子女都因病或车祸离她而去。最后一个亲人，22岁的孙子也因病早逝。8年前，来小区检修线路故障的鲁鹏认识了林婆婆，成为她信赖的"亲人"。此后，鲁鹏每周都到林婆婆家看看，打扫卫生，买米买油，送膏药、电暖宝等用品。林婆婆不会用智能电卡充值，鲁鹏就把电卡揣在自己兜里，长期为她交电费。

林婆婆只是鲁鹏帮助的困难群体中的一员。赶赴灾区参加救援，贴心服务孤寡老人……23年来，鲁鹏一直奉献爱心。作为公司共产党员服务队队长，鲁鹏这几年几乎没有完整地休息过一个周末。他累计开展供电抢修6800余次、应急保电810余次、社区服务2300余次，被群众亲切地称为"电力110"。

2012年10月，以鲁鹏名字命名的"鲁鹏志愿者服务队"成立。经过近7年发展，"鲁鹏志愿者服务队"从刚开始的22人，扩大到现在的3000多人，并建立14支分队，设立18个爱心服务点，成为德阳市全面开展社会化爱心公益活动的典范。2016年8月，以"鲁鹏志愿者服务队"为基础，覆盖电力、交通、卫生、教育、媒体、通信、银行等公共服务行业的"鲁鹏志愿者联盟"成立，建起一个具有规范性、示范性和持续性的志愿服务平台，也成为德阳市志愿服务的一张亮丽名片。

每当有人问起，"为什么能几十年如一日地坚持做好事？"鲁鹏总是这样回答，"做好事就要做一辈子。"

3. 企业员工整体行为

员工的整体行为决定了企业整体的精神风貌和企业文明的程度，员工整体行为的塑造是企业文化建设的重要组成部分。企业要通过各种开发和激励措施，使员工提高知识素质、能力素质、道德素质、心理素质和身体素质，将员工个人目标与企业目标结合起来，形成合力。

（二）根据行为作用范围划分

1. 企业外部行为文化

企业外部行为包括：服务社会大局、环境保护、对外招聘、市场开发、广告宣传、资金筹集、股市活动、消费者权益活动、促销活动、公益活动等。这些外部行为，大致

模块四 企业行为文化分析及实践

可以归纳为：企业对社会公益的责任、对环境和资源的责任、对消费者的责任，以及遵从政府的管理、接受政府和媒体的监督等。这些外部关系从不同程度、不同侧面影响着企业生产经营活动的进行，制约着企业的生存和发展。

1）社会公益责任

企业的社会公益责任是指企业在谋求所有者或股东权益最大化之外所负有的维护和增进社会利益的义务。这种义务超出法律和公司治理对利益相关者最低限度义务，属于道德范畴的责任。随着社会经济的迅速发展和企业主体地位的加强，社会对企业提出了更高的要求，即在行使自身经济功能的同时，承担起更多的社会责任，更好地发挥自身社会功能，例如，提供就业机会，资助社会公益事业，保护生态环境，支持社会保障体系等。积极履行各项社会公益责任，有助于企业获得良好的生存和发展条件，树立良好的品牌形象，从而更加有效地实现经营、发展目标。

2）环境资源责任

环境和资源是整个人类社会生存的土壤，也是企业存在的根本。2012年11月，在中国共产党第十八次全国代表大会上，提出了"人类命运共同体"这个概念。它旨在追求本国利益时兼顾他国合理关切，在谋求本国发展中促进各国共同发展。国家治理如此，企业的管理亦如此。企业在与环境资源的各种交易关系中取得平衡，才能生存和发展。因此，企业要解决好和环境资源的协调关系方能可持续发展。这包含了企业的经营生产过程中要实现污染预防和持续改进，更重要的是把环境保护的理念贯彻到企业的经营理念中，培养员工的环保意识，从根本上实现企业的绿色经营和绿色发展。2021年3月1日，国家电网发布"碳达峰、碳中和"行动方案，该方案提出，国家电网将以"碳达峰"为基础前提，"碳中和"为最终目标，加快推进能源供给多元化、清洁化、低碳化，能源消费高效化、减量化、电气化。这项方案的发布标志着国家电网有限公司不仅对环境保护，更是对推动能源领域数字经济发展迈出了重要的一步。

3）消费者关系

消费者是企业面临的数量最多、范围最广的公众群体。它不仅包括直接从企业购买商品的顾客，还包括所有商品使用者和潜在需求者，而且包括各种精神产品及劳务的购买者和使用者。消费者的消费行为直接关系到企业利益和发展，因此，协调好消费者关系对企业来说至关重要。

如今，物质已如此丰富，消费者有更多的选择，有更多的个性化需求，消费者的行为更加理性、个性。企业也需要调整产品策略和营销策略，将细分的目标客户作为营销的中心，提供与竞争对手差异化的优质服务和产品以满足客户需求。用品质和服务满足消费者的需求，影响消费者的行为。企业和消费者的联系，可采取的措施具体包括以下事项。

（1）及时真实地向消费者宣传企业和产品的信息，

（2）做好消费者需求调查，及时调整研发生产方向，

（3）科学理性地做好消费者需求分析，

（4）做好售后服务，保护消费者权益。

73

4）政府关系

企业政府关系，是指以政府主导，企业为主体，运用各种信息传播途径和手段与政府进行双向的信息交流，以取得政府的信任、支持和合作，从而为企业建立良好的外部政治环境，促进企业的生存和发展的一种关系。

政府是具有特殊性质的社会组织。它既代表国家运用权力对全社会进行统一管理，又是国家利益和社会总体利益的代表者和实现者，政府行为对社会各个领域和组织的利益都具有不同程度的影响。因此，与政府的关系是企业协调外部关系的重要方面。

企业应及时了解和熟悉政府颁布的各项政策法令；自觉遵守政府的各项法规条令，规范企业的生产经营活动；主动与有关部门工作人员保持经常联系，协调关系；主动向政府有关部门通报企业经营情况，为政府制定有利于企业发展的政策和法令提供依据；主动协助政府解决一些社会问题，取得政府的信赖。

5）媒体关系

媒体关系也称新闻界关系，是企业组织与报纸、杂志、电台、电视台等大众传播媒介的关系，在这个自媒体时代，各种直播、购物等网络社交平台也属于媒体关系的范畴。这些媒体，具有传递信息速度快、传播面广、受众多等特点，在一定程度上能影响和操纵社会舆论。而社会舆论的威力是不可忽视的。因此，企业有必要协调好与各种媒介组织及新闻人员的关系。

协调媒体关系要做到尊重新闻媒体的基本权利，和媒体交朋友；了解各种新闻媒体的传播特点，如传播方式、传播渠道、受众情况、报道重点和范围等，适时吸引媒体报道；做好充分准备，成立公关部接受媒体采访；提升员工新闻素养，储备正面宣传图片和案例素材等。

2. 企业内部行为文化

企业内部行为包括：生产管理、选人用人、员工培训、奖金福利、内部沟通、文体活动等。企业在参与各种行为活动中，又会形成相应的子文化，例如，在企业内部活动中，企业会产生安全文化、沟通文化、感恩文化等。这些内部行为，大致可以归纳为：企业的管理行为，对股东和合作伙伴的责任，员工的合作交流。

1）企业的管理行为

企业内部管理是为了增强企业各级职工自律意识，规范管理行为，改进工作及管理作风，维护公司运营秩序，提高工作效率，促进企业健康持续发展。所谓"国有国法，家有家规"，企业的管理需要管理行为和制度来保障，除了一些基本的行为规范要求如勤奋、诚信、尽责以外，这些管理行为或制度，需要根据企业的生产、发展要求，有所偏重。

（1）知识管理。

知识管理是对企业知识的创造、获取、加工、存储、传播、应用几个环节的管理。从本质来看，企业适应环境的经营过程本身就是学习，在这个学习过程中势必会产生许多知识，大量的知识以隐性的方式存储在员工的头脑中。知识管理的目标就是这些隐性知识显性化使其在各个部门之间自由流动，最终变成一种组织所有人都可以使用的东西。

　　企业知识管理的核心作用是支持业务，让企业成员能快速准确地获取信息，利用现有成功经验和案例，为业务决策提供支持，增强企业的业务及服务效率，提升创新能力。因此，企业知识资源库规划与建设需要对现有业务流程进行梳理，从整体业务流程架构发现关键节点与关键任务，规划定义相应的知识域，做到知识点与业务活动的有机融合。

　　随着经济的全球化、知识经济时代的到来，持续学习、不断学习既是员工个人提升能力水平的重要保证，也是企业做好资源科学配置、提高竞争力的重要保证。企业员工要成为不断持续的学习者，企业要成为学习型的企业。对于员工和企业来讲，学习是创造力和竞争力的源泉。不断学习、持续学习能带来员工健康发展、积极向上和竞争优势，所以必须树立学习新理念，确立学习就是工作，学习就是生活，学习就是素质的理念和意识。

　　在工作中，我们还需要提高我们的业务素质和业务水平。业务素质是指员工在企业组织中从事职业技术工作应具备的知识水平和业务技术能力。它包括员工的专业理论知识、专业实践能力以及专业知识能力的表达、沟通、运用和创新。随着科学技术的日益进步和产业结构调整，企业技术改造升级的步伐也越来越快，员工业务素质的提高已成为企业发展的关键问题，企业要想获得持续、科学、和谐地发展，就必须使员工业务素质持续地得以提高。业务水平及业务能力，就是你的工作方法、工作态度、工作所需要的技能和完成任务需要的智力支持。要提高业务水平就要做到以下几点：注重理论学习，从实践中不断提升，参与培训和继续教育，深入了解自己所从事的工作，加强合作交流，明确奋斗目标，善于总结经验。

　　（2）安全管理。

　　企业安全文化，抽象地来说，是指企业安全管理者根据企业内外安全生产环境的变化，结合企业的历史现状和发展趋势，从企业的生产实践中总结，提炼出企业安全生产理念或价值体系，以作为企业安全生产的方针和原则，具体而言，就是围绕企业安全生产而形成的一系列理论。曾经有不少企业认为，提高安全管理水平无非就是出几本宣传手册，组织一些员工开展开展文体活动，搞搞培训而已，其实企业安全文化的内容远不止于此。

　　安全文化关系到民族的繁荣、社会的进步和国家的兴盛。没有安全文化将不能实现生产安全和社会稳定。安全文化的重要意义体现在以下五个方面：

　　第一，无形约束。如果一个企业建立起一个浓厚的安全文化环境，那么，安全文化像一只无形的手，凡是脱离安全生产的行为都会被这只手拉回到安全生产的轨道上来。文化是作用于每一个人身上的一种无形的磁场，控制着每一个人的行为。因此，安全文化是预防事故的基础性工程。世界工业发达国家的经验已表明，培养和增强安全文化意识，对提高从业人员的安全防范意识，减少安全生产事故，尤其是重大、特大事故确实具有重要意义。

　　第二，广泛接纳。高度的安全文化是大众的文化，贴近实际，容易理解和接受。安全文化的重要任务是提高民众的安全意识和安全技能。

　　第三，主动履行。高度的安全文化能使人们认识到安全是发展的前提条件之一，理解安全的重要地位，进而明确自己的安全行为。安全文化以有形或无形的渠道、正式或非正式的方式传递在群体中每一个成员，用人类创造的安全观念，安全知识，安全技术，安全技术，安全行为培育着每一个人，使之具有现代安全素质，提高安全意识，真正认识到安全的重要性，时刻把安全放在第一位。

第四，健康工作。安全文化以健康工作和职业安全为出发点和落脚点，是健康工作和职业安全的基础。培育安全文化理念氛围是安全管理工作的重要内容，树立"以人为本"的安全价值观和行为准则是安全文化的核心，实现可持续发展的安全文化的宗旨，在全社会积极倡导珍惜生命、保护生命、尊重生命、热爱生命、提高生命的质量，是安全文化发展的源泉。

第五，与时俱进。安全文化是与时俱进的先进文化，具有强大的精神推动力。安全活动就是不断辨识危险、评价危险和控制危险的活动。安全是相对的，危险是永存的，事故是可以预防的，为确保安全，必须采用动态的、变化的和发展的安全文化方法，营造全社会"生命至上，安全第一"的氛围。

安全生产事关人民群众的根本利益，如何在实际工作中抓好安全？我们应当在工作中不断强化学习，提升隐患识别能力，增强自我保护意识和自我保护能力，通过学习事故案例时刻给自己"敲警钟""吃一堑""长一智"，并通过一系列安全保障措施和制度的实施、监督执行，增强工作中的安全文化氛围。

2）对股东和合作伙伴关系

（1）股东关系。

股东关系是企业内部重要的公共关系。股东为企业的投资者，股东关系是指与投资者的种种关系，亦称"金融公共关系"或"财务公共关系"。股东关系在国外是一种很常见的公共关系，是股份公司所特有的一种企业内部公共关系。股东很少参与或全不参与企业的日常生活经营活动，但他们具有一定的权力，如选举董事会，制定公司的规章制度，批准或否决董事会的有关决议等。所以，处理与股东的关系也就成为企业的重要公共关系。

建立良好的股东关系，其目的主要是加强企业与股东之间的信息沟通，提高企业的信誉度、知名度、可靠性和发展能力，争取现有股东和潜在的投资者对本企业的了解、信任和支持，创造更加有利的投资环境和通力合作的融洽气氛，稳定已有的股东队伍，吸收更多更新的投资者，最大限度地扩大企业的财源。

（2）合作伙伴关系。

合作伙伴关系指企业与在经营活动中发生业务往来的其他企业组织的关系，根据业务联系的性质不同，可以分为供应商关系、经销商关系、同业关系等。这类关系的协调与否，直接影响着企业生产经营活动的顺利进行。

建立良好的合作伙伴关系，可采取的措施包括：将合作关系建立在双方共同利益之上，制定规范标准的采购、销售流程和相关管理办法，建立诚信友好合作的交流关系。

3）员工的合作交流

（1）团结协作。

团结协作是一种为达到既定目标所显现出来的自愿合作和协同努力的精神，它可以调动团队成员的所有资源和才智，并且会自动地消除所有不和谐和不公正现象，同时必须以别人"心甘情愿与你合作"作为基础，而你也应该表现出你的合作动机，并对合作关系的任何变化抱着警觉的态度。团结协作是一种永无止境的过程，虽然合作的成败取决于成员的态度，但是维系成员之间的合作关系却是企业责无旁贷的工作。在追求个人成功的过程中，每个人都离不开团结协作、团队合作，因为没有一个人是万能的。

企业每一项经营战略的实施、每一件高质量的产品都要靠全体员工的有效工作来实现，要通过多种方式加强对员工的文化教育和业务培训，并教育引导员工树立为用户服务、为用户提供满意产品的价值观念和职业道德观念，增强工作责任心。企业经营者还应该经常加强与员工的沟通，使"下情"及时"上达"，同时让员工及时了解企业的经营战略和各项措施，明确工作目标，经常组织开展丰富多彩的有企业特色的文化娱乐活动，以各种活动为载体，丰富员工的团队精神，提高企业凝聚力。

团队精神是东方文化的主要特点，良好的团队精神有助于企业员工内部的互动和对外的联动，由此形成良好的联动力，是企业核心竞争力的具体表现形式和实现途径，要在建立深厚的文化积淀的基础上，把培育团队精神的重点放到适应国际化竞争要求建立新的流程和运行机制上来，以先进的流程和机制为载体，使团队精神更好地转变为企业以对内互动与对外联动为基础的，与国际市场变化节奏对接的快速反应机制。

在一个组织或部门之中，团结协作显得尤为重要，那么怎样才能加强与别人的协作呢？在一个组织之中，很多时候合作的成员不是领导者能预定的，所以很可能出现组内成员各方面能力参差不齐的情况。领导者此时就需要凝聚能力，把大多数组员的特长凝聚起来，同时也要具备与不同的人相处与沟通的能力。如果领导者在开始时没有以身作则，做好各方面的工作，就会产生许多不良的后果。例如，在一个集体中，如果成员之间缺少最基本的信任，那么成员之间会相互戒备，明哲保身，与自己利益无关的事情便高高挂起，不会对集体的发展负责，这样的团队其发展是令人担忧的。领导者要营造良好团队正气，需要每个成员对团队忠诚，有责任心，有毅力，有着对于自身团队的荣誉感、使命感。团队每个成员必须信任团队的其他成员，彼此开诚布公，互相交心，做到心心相印，毫无保留，紧密合作。

学会与他人合作，发挥团队精神在具体生活和工作中的运用，可以事半功倍，使工作良性发展。

相关阅读：

小贾是公司销售部一名员工，为人比较随和，不喜争执，和同事的关系处得都比较好。但是，前一段时间，不知道为什么同一部门的小李老是处处和他过不去，有时候还故意在别人面前指桑骂槐，对跟小贾合作的工作任务，小李有意让小贾做得多，甚至还抢了小贾的好几个老客户。

起初，小贾觉得都是同事，就算了。但是，看到小李如此嚣张，小贾一赌气告到了经理那儿。经理把小李批评了一通，从此，小贾和小李就老死不相往来了。

案例点评：小贾所遇到的事情是在工作中常常出现的问题。在一段时间里，同事小李对他的态度大有改变，这应该是让小贾有所警觉的，应该留心是不是哪里出了问题了。但是，小贾只是一味忍让，而这并不是一个好的办法，更重要的应该是多沟通。作为经理也不应该没有了解情况就直接批评小李，这样一方面对小李不公平，另一方面也让自己失去了其他下属对他的信任。

案例中，当小贾开始发现小李的变化，就应该考虑小李是不是对自己产生了什么误会，才让他对自己的态变得这么恶劣，他应该主动时和小李进行一个真诚的沟通，或者找一个善于沟通的中间人一起去了解小李的想法，并想办法解决。

（2）遵章守纪。

企业诸多的制度、规章、行为准则，必须依靠具体的行为去执行，行为文化是使制度生效的具体措施。在前面职业道德基本规范中，我们认识到，每个员工的素质影响着企业文化氛围的营造，而企业的行为文化也影响着每个员工的行为方式。在员工的合作交流中，营造一个遵章守纪的文化氛围，有助于整个企业大环境主动合规，真正将合规文化理念内化于心，固化于制，外化于行，形成常态化。

要营造遵章守纪的企业行为文化氛围，我们应当注重和加强对员工合规文化教育的培训，例如，做到新员工入行必讲，员工上岗转岗升职必讲，检查发现违纪违规必讲，年度总结必讲的"四必讲"。同时，加强监督检查和对教育培训方式方法的革新，特别是强化员工之间的互帮互助，互相监督，使员工不敢、不能、不愿违规。

二、企业行为文化的建设

情景导入：

"海底捞"服务至上、顾客至上

"海底捞"的服务备受称赞，在"海底捞"等餐的时候，能够享受免费水果、免费茶水、免费美甲、免费上网、免费玩牌等服务，在厕所还能免费刷牙、补妆。吃饭时能够及时送上你所需要的物品，例如袖套围裙等，"海底捞"还提供手机套和热毛巾，这样的服务堪比在飞机上所享受的服务。"海底捞"菜品丰富，价钱公道，分量足，还能点半份菜，没吃没动的还可以退菜。"海底捞"就是敢于突破常规，为客户创造价值。出去吃饭等位的现象很常见，但大都是干等，"海底捞"却把等待变成了一种享受，把等待变成了一件容易的事，留住了更多的顾客。

近年关于"海底捞"店内服务的小视频走红网络。顾客在店内表示喜欢吃某种水果，服务员可以帮你打包带走；顾客在店里庆祝生日，服务员会组队送上生日蛋糕并集体合唱《祝你生日快乐》；顾客的孩子在店里哭闹，会有服务员帮忙哄孩子……真是只有你想不到，没有他们提供不了的服务。

分析与思考：

（1）"海底捞"的服务有什么特色？

（2）如何建设特色企业行为文化？

企业文化运作的规律，简单地说就是三化：一是内化于心，让全体员工从内心深处认知、认同企业文化；二是外化于行，就是全体员工从行动上把企业文化的内涵，充分表现出来，这就是文化外显；三是固化于制，就是企业把应该与企业文化内涵相契合的员工行为规范，做为一种企业管理制度，这就是变无形为有形，变柔性为刚性，为企业文化的持续推进，提供有力的制度保证。这个过程本身就是把企业文化流程化制度化的过程。

行为文化作为企业文化中的重要一环，是企业核心价值观的具体体现，是企业员工思想、意志、智慧、能力的集中反映。员工行为文化是企业行为文化的内在支撑和外在体现，在企业文化建设中处于中心地位，是企业文化建设落地生根的重要载体。加强员工个体的行为文化建设至关重要，需要重点把握以下三个关键环节。

（一）科学制定员工行为标准和规范

员工行为标准，是员工在企业内一切行为的度量衡，是员工审视自身行为是否符合企业要求，是否满足职业需要的参照表。在企业运营过程中，企业家的行为、企业模范人物的行为和企业全体员工的行为都应有一定的标准和规范。在标准的制定以及规范的履行中，就会形成一定的企业行为文化。在企业管理行为中，就会产生企业对社会的责任，企业对消费者的责任，企业对员工的责任等，承担这些责任就必须有一定的行为标准和规范加以保证。要科学制定员工行为标准和规范需要明确两大问题，一是明确员工行为的基本类别，二是把握员工行为标准的制定原则。

1. 明确员工行为的基本类别

这是拟定员工行为标准的前提。按照作用和涵盖内容划分，员工行为标准大致可划分为以下两大类：一类是岗位职业行为，即员工在生产现场的职业行为。这一行为的规范、标准程度决定着员工劳动的安全性和经济性，是制定行为标准最为重要的一项内容。它具体包括岗位操作行为、管理指挥行为、办公行为等。这些都需要制定量化、科学的具体标准。一类是员工的非岗位行为，是指员工作为"社会人"在人际交往、社会活动、家庭生活中的基本行为。对于企业而言，不仅要生产物质产品，而且要为社会培养优秀人才，这是企业必须承担的社会责任。从这个角度说，制定行为规范和标准，绝不能局限于岗位职业行为，而要着眼员工的世界观、人生观、价值观和社会公德、职业道德、家庭美德、个人品德的全面培育，促使员工不仅成为适应工作的职业人，而且成为对社会创造价值的社会人。

2. 把握员工行为标准的制定原则

一是安全化原则，这是由行业特殊性所决定的。在制定员工行为标准时，必须始终贯彻"安全第一"的思想，做到每一项标准能符合现场安全作业的实际，都能实实在在地保障和促进安全，确保安全系数最大化。二是精细化原则。精细化，就是在充分把握事物发展内在规律性的基础上，找到最佳的解决方案，达到最好的预期效果。三是工序化原则。工序化，就是以每一项工作的工序流程为主线，把每个操作环节都按照操作规程、安全规程和文明行为规范的要求，根据时间流，把每项工作具体、明确地细分成工序，对员工在每道工序上应该做什么、怎么做、做到什么标准等都有精细规定。四是文明化原则。这一原则强调员工行为要符合社会主义精神文明的基本要求，符合中华民族传统美德的基本要求，有利于引导员工素养和道德水平的提高与升华。五是人性化原则。这是员工能够尽快认同标准、执行标准的重要保障。要把"以人为本"精神注入行为标准，渗透人文关怀，让员工充分享受作为企业主人的尊严和尊重，从而激发员工遵守标准、执行标准的积极性和潜能，使行为标准规范逐步成为员工的自觉行为习惯。

（二）大力实施行为养成训练

员工行为养成训练，就是通过教育、引导、观摩和反复强化训练等，实现员工行为由强制、自觉到习惯的升华，从而提升企业员工行为水平，使员工行为体现现代化新型企业的新形象和发展要求。其终极目标就在于规范员工行为，优化管理流程，使行为标准不折不扣地落实在工作中。

1. 强化思想做好宣贯

员工行为养成训练所要改变的是多年形成的不良行为习惯和陈旧思想观念，使广大员工的思想观念和心智模式得到质的飞越。要做到这点，必须强化员工的思想疏导，开展心理调适活动。第一，加强理念宣传。应充分发挥企业理念导向行为、凝聚力量、调适心态等作用，开展广泛的宣传活动，增强全体员工对企业理念特别是安全理念的认同感。第二，加强员工行为养成训练。通过有针对性的教育和培训，加强员工对行为养成训练的认识。第三，科学开展心理疏导。对落后的思想和行为进行剖析，找差距、抓落实。通过心理调适，使广大员工对行为养成训练由不认识到认识，由不赞同到赞同，最后能自愿参与其中。

2. 根据情况选择方法

具体训练方法如下所示。

系统培训法，主要采取集中培训、辅导等形式，组织员工对规范标准进行系统的学习，辅以案例分析进行解读，通过规范标准考试，使全体员工做到应知应会。

模拟演练、角色扮演法，主要利用多媒体演示片，对每个岗位工种的行为要点、操作方法、要领和安全要求进行直观的动作演示，由员工进行模拟或模仿操作，在此基础上，由考评人员对员工动作模仿情况进行纠正。

图解示例法，主要是用图例的形式将操作流程分解为若干个简单、直观的动作进行讲解，例如"专业洗手7步法"（如图4-1所示）。

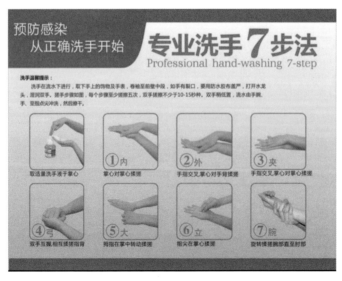

图4-1 图解"专业洗手7步法"

示范引领法，是通过选拔行为标准"教练员"，对身边员工进行手把手式的训练。采取现场观摩的形式，组织员工到先进岗位部门进行参观学习，并对操作的重点步骤和关键环节进行现场示范。

竞技比武法，采用分层次组织开展行为规范竞技比武，表彰先进，激励全体员工积极参与行为训练，达到普遍提升行为水平的目的。

实战训练法，即在生产作业现场的实战演习，把员工对行为养成的感性认识升华为理性认识和自觉行动。

结对帮扶法，针对员工文化及业务素质水平参差不齐、差异性较大等实际特点，通过一对一结对方式，进行重点帮扶，起到传帮带作用。

3. 持续关注动态趋近

实施员工行为训练的目的，不仅是让员工学会怎样操作，而且是让员工养成规范操作的习惯。员工的行为文化是一个循序渐进的塑造过程，必然要经历较长的提升、固化期。同时，随着环境和条件的变化，训练的目标和标准需要不断更新。因此，在具体训练过程中，要根据推进情况，设定不同训练层级目标，分步进行升级训练。

4. 建立有效保障机制

一是组织保障体系。员工行为养成训练是一项系统工程，特别是以各岗位标准为主要内容的技能训练，其专业性、技术性、现场操作性非常强，企业各部门必须形成合力，全力推进。这绝不是一般意义上的技术培训，必须由企业一把手挂帅，党政工团共同组织，各部门协同推进，建立专门机构，为行为养成训练工作的全面系统、协调有序推进提供强有力的组织保障。二是运行保障体系。在硬件保障方面，要加大投入力度，把训练费用作为投资而不是消费，建设符合企业实际需求的多功能行为实训基地、培训机构。在管理制度保障方面，要建立健全员工集训与自训激励考核制度，提高员工自觉进行行为训练的动力和压力。

（三）推行员工职业行为评价

职业行为评价，就是对员工的行为是否达到标准，达到什么水平，存在什么问题进行逐一量化的考核和测评。实施职业行为评价既是对员工行为训练效果的检验，又是对员工行为素质状况的阶段性评估，对于员工准确把握企业对行为要求的方向线，具有非常重要的意义。

1. 评价的基本维度

主要围绕员工的行为标准类别展开，包括四个方面：一是日常文明素质。重点从职业道德、遵章守纪和日常文明行为等方面的素质表现进行评价。二是职业基本素质。重点是考核员工对企业理念、安全理念、岗位操作规范标准以及相关安全技术知识的掌握情况。三是评价岗位行为能力。即员工按照岗位标准和规程规定进行规范操作，以及根据生产实际，合理、准确地进行安全确认的能力。四是评价岗位绩效，考察员工一定时段内的安全行为绩效和行为现实表现。主要内容包括员工日常违章违纪情况、事故情况、绩效考核情况、员工现实表现、行为举止情况等。

2. 评价的基本模式

在具体评价过程中，为简化操作，提高效率，采取个人自检、部门初评、公司专业化考评依次进行的方式，进行三个层次的考评。一是个人自检。员工经过自检，认为自身行为规范达标的，向所在区科提出评审申请。二是部门初评。由各部门运用绩效评价、理论考试和实际操作评估等方式，对员工进行初评。三是专业化考评。由公司组建各专业化评审组，依照各类行为标准，首先对员工进行行为绩效评价。通过调查相关记录，掌握行为安全状况、日常考核情况和日常文明行为情况，等等，在没有否决之后，进行理论考试、实际操作评估。最终评价结果以考试测验和实际操作测评为主，达到预设合格线，视为评价合格。

3. 评价结果的运用

员工行为评价被认定达标的，授予一定荣誉称号，并给予物质奖励；员工行为评价一次不达标的，进行离岗培训，重新评价；再次不达标的，应考虑淘汰。

三、大学生行为文化建设

随着高职教育的不断发展，高职院校内校园行为文化与企业行为文化的融合问题已经日益受到国内外各所高职院校的重视。因此，就高职院校校园行为文化与企业行为文化进行对比研究，并在高职院校开展行为文化建设，具有重要的实践意义和研究意义。

校园行为文化是指在教育系统中形成的，通过校园主体的各种活动展现的文化形态。校园行为文化是学校文化建设中一个非常重要的方面。

（一）大学生行为文化的内涵及特征

1. 大学行为文化的集体性

集体性源于大学行为文化是一种经过历史积淀而形成的一种集体性的行为方式、行为风尚，是一种建立在个性发展基础上的共性，不是某个人的行为，而是"大学人"这一集体在教育教学、科学研究、学术交流、学习生活、文化活动中所表现出的精神状态、行为操守和文化品位。"大学人"主要是指包含大学校长、大学教师、大学生、行政管理人员和后勤服务人员在内的参与大学内部活动的全体成员，他们构成大学行为文化的行为主体。

2. 大学行为文化的外显性

大学行为文化是一所大学特色文化和历史积淀最直接的显现和"大学人"的观念与思想的外在反映。看精神文化是否真正发挥作用要看其是否内化为"大学人"的行为动机，看物质文化、制度文化是否真正发挥作用，要看其是否潜移默化地影响和约束"大学人"的行为方式和行为习惯，大学行为文化在构建的过程中有其具体的外显形式，着重表现为校风、教风和学风、行为规范、榜样文化和社会服务。

3. 大学行为文化的辐射性

辐射性来源于两个方面，一方面是发挥在大学内部的辐射效应，主要源于校风、教风、学风对整个大学人有着潜移默化的教化作用和凝聚作用。另一方面则是发挥在大学外部的辐射效应，主要源于大学的社会服务功能，以服务社会为纽带发挥大学对整个社会的润泽力和感召力，带动区域经济社会和谐发展。

（二）大学生行为文化建设内容

1. 营造良好的学习氛围

高校是为国家培养未来栋梁之材的地方，作为高职院校，培养的是各行各业的专业技术人才。"少年强则国强"，各行各业的兴旺发达，离不开强有力的接班人。从社会主义职业道德的基本规范爱岗敬业的要求出发，高职学生要热爱自己的岗位，并对其产生敬畏，就需要踏踏实实地好好学习专业知识和技能，不断提升自己的知识文化水平，在平凡的工作中创造不平凡的业绩。

作为学校，既可以采取发奖学金的方式鼓励同学们勤奋学习，也可以通过竞赛方式表彰专业知识技能出彩的同学，从而营造良好的学习氛围，鼓励大家积极上进。

2. 打造诚实守信的校园文化

首先，以教职工作为"诚信"的表率，对学生树立诚信道德意识、确立诚信价值观能产生潜移默化的作用。通过在校园内开展诚信教育，帮助学生建立诚信意识。

其次，可以建立学生个人诚信电子档案，记录学生的诚信言行和不诚信言行，例如，诚信言行包括助人为乐的好人好事，在学生会参与服务工作等；不诚实言行包括考试作弊的不良记录，和同学相处得不愉快，产生纠纷等，并于每学年末通知学生和家长。在毕业生推荐过程中，用好诚信电子档案，帮助品学兼优的学生尽快找到合适的工作。

3. 倡导团结协作的合作精神

当今社会，更多的是需要企业员工通过团队协作，发挥一加一大于二的作用。在校园里，就要倡导学生积极参与团队协作的活动，提升其与人相处的人际关系能力。比如成为班干部，帮助辅导员做好班级管理工作；参加学生会团队，积极参与各项服务全校师生的工作和校内校外志愿者服务工作；加入篮球协会、足球协会，开展团队运动项目，在运动中养成团结协作的习惯等。

任务三　分析国家电网公司的行为文化

一、重视人才培养和员工能力提升

作为全球最大的公用事业企业，供电服务人口超过 11 亿人，国家电网公司的员工人数也是世界第一。在人才管理和员工培养上，公司非常重视。

（一）人才管理

作为企业经营和发展的骨干力量，优秀人才凭借其深厚的理论知识、丰富的实践经验、较高的专业水平和知名度，在战略规划、改革发展、技术创新、市场开拓等诸多业务领域，成为引领企业可持续发展的关键动力，其梯队规模与质量，对企业发展前景，更有着决定性的影响。

公司在人才培养责权分布上明确职责。

人力资源部门为人才培养归口管理部门，负责牵头组织各项人才培养工作，组织编制公司人才培养与培训规划、培养与培训项目储备库、培养与培训经费预算。并组织开展公司各类人才选拔、竞赛调考及培训资源建设，与此同时，负责对公司系统各单位人才培养与培训管理工作进行检查、考核与评估。

业务部门协助人力资源部门，做好人才培养工作，包括结合本专业人员素质情况提出培养需求，协助编制本专业相关人才培养方案与培养对象选拔标准，协助开发相关培训资源，参与培养效果评估等。

各级培训中心与基层单位为人才培养工作的具体实施部门，在公司人力资源部门的指导下，与业务部门紧密配合，负责人才培养的具体实施工作。

公司设计了四级四类人才梯队模型。依据人才成长规律，从低到高，将人才初步分为县公司级、地市公司级、省公司级、公司级，在更为具体的培养工作中，将专家人才再次细分为经营类、管理类、技术类和技能类，以便于开展针对性培养。

此外，以国家电网四川省电力公司（以下简称"四川公司"）为例，还有"电力雏鹰"和"双千人才"人才培养和选拔计划，分别针对入职1～3年的职工和3年以上的职工的人才培养通道。公司通过对各级各类人才的定期考核，实行动态管理，确保人才队伍持续常青。

（二）员工培训

1. 员工培训分级分类实施

国家电网公司非常重视员工培训，在《国家电网公司通用制度》中明确了员工培训的相关要求。其中对生产人员规定要开展三年一轮的岗位职业能力培训。国家电网四川省电力公司从2005年开始，着力生产人员培训工作，通过继续教育、岗位准入培训、职业技能鉴定等多个途径实施。2013年，在人力资源部组织下，邀请各专业部门和基层专家，构建了生产人员能力素质模型，出台了《生产人员履职能力培训实施细则》，分专业、分级别对生产人员进行培训。经过6年两个轮次的推行，公司员工的职业技能等级提升明显。2019年，四川公司生产人员培训在履职能力培训的基础上继续拔高，重构了高技能人才培训模式，并修编了对应的培训模块，随着近年来的推行，生产人员的技能水平进一步提升。

除了三年为一轮的生产人员培训以外，四川公司还在每年制定不同专业的竞赛和选拔计划，以赛促训，提升整体业务水平。通过竞赛的推进，在全省公司系统范围内掀起培训提升热潮。竞赛给予不同地市公司相同专业的员工交流切磋的机会，在省公司范围内营造了良好的学习交流氛围。

而竞赛中脱颖而出的获奖选手以及所属单位也获得相应的物质、精神鼓励，促进各单位重视竞赛，重视培训，重视人才的培养。

2. 师资队伍专兼职保障

以四川公司为例。作为生产技能人员主要培训承办单位，技能培训中心拥有近200人的师资团队，包括博士4人。中心培训师曾在四川省、电力行业等多个级别的教学技能竞赛中获得一等奖。

为保障师资队伍的数量和质量，除了加强培训中心的专职师资队伍建设外，还建设了一支约3000人的兼职培训师队伍，其中包括公司优秀人才。四川公司定期开展新申报兼职培训师培训班。技能类兼职培训师培训内容包括：公司政策规定，授课技巧，PPT制作和各专业、工种培训考核标准解析等，让准备上岗的准兼职培训师在掌握培训技巧的同时把握好公司相关培训规定，以确保培训师上岗后能完成好各项指标。

为了确保培训过程中"教考分离"，四川公司集中开展的培训班都采用统一调用考评员的方式考评。在培训考评安排上，每次考评组由同专业2~6名考评员加上考评领队组成。古人云"三人行必有我师"，在考评组设置上，采用"老带新"模式，尽管是2~3天的考评，也能让新兼职培训师学习到很多现场培训的经验。

为了加强兼职培训师队伍管理，四川公司严格按照国家电网公司通用制度对兼职培训师实施年度考核。除此以外，四川公司还根据自身情况，对兼职培训师设置了年度培训任务下限，力求每一位被认证的兼职培训师都能发挥所长，参与到员工培训中来。四川公司狠抓培训工作量审查，并按照三年为一周期淘汰培训工作量不足的兼职培训师，保持兼职培训师队伍的动态平衡，维持队伍的稳定发展。

3. 培训基地建设

以四川公司为例，针对生产技能人员的培训，主要由技能培训中心作为支撑。中心建成了全国领先的综合性培训基地，按照专业划分，包括以下实训基地：

输配电线路培训基地是国内三家融输电和配电带电作业培训与考核功能一体，且通过国网资质认证的实训基地之一，建有输电、配电和特高压输电线路实训基地，为十余个省（市）地区的带电作业人员培养做出了有力贡献。

电网运行培训基地建有特高压仿真、继电保护、电力调度、电力通信等实训室，其中风光储智能微电网系统，为新能源等新兴培训提供有力支撑。

电力营销培训基地由用电信息采集、客户服务中心、电能计量等11个同步生产现场的实训室组成，可实现电力营销工作全业务、全过程的功能要求。

电网检修培训基地由110kV实训智能变电站、110kV、220~500kV变电检修、触电救护、油务化验等实训区组成。2015年，该培训基地通过国家电网公司遴选成为"国家电网状态检测培训基地"。

信息运维培训基地，是国家电网公司级信息实训基地，同时还建成省公司信息系统测评中心、数据销毁与恢复中心，支撑开展信息运维各项培训。

水电运维培训基地，集生产、培训、科研为一体，占地1万余平方米，建有以生产运行和实训厂房为核心的培训基地，培训内容涵盖水电生产全过程。

技培中心长期承担国网公司高级技师轮训、带电作业培训、网络培训等培训任务，以及省公司"生产技能人员履职能力培训""藏区培训""班组长履职能力培训"等重点项目。此外，中心还圆满完成了国网公司档案竞赛、客户服务技能竞赛、安规调考以及四川省电力行业职业技能大赛等多项高级别的竞赛调考承办和集训任务。

为确保培训管理高效规范，中心按照国网公司通用制度要求，制定了培训项目管理、学员管理、培训教学检查等细则；设计开发数字化校园系统和校园直通车 APP，使培训体验更加便捷。此外，中心还创新建立了培训安全"133"管理模式，制定《电力培训安全性评价标准》，开创了国内电力培训行业制定安评标准的先河，多年来实现培训安全"零"事故的目标。

中心紧密围绕公司和行业发展的新形势，在圆满承接公司计划内培训的基础上，以企业培训需求为出发点，积极为系统内的公司和基层单位开展培训服务，还与中石油、国家电网、四川大学等行业相关单位建立友好合作关系，培训质量受到上级及合作单位的广泛好评。同时，中心积极响应党中央"一带一路"倡议的号召，成功完成埃及输电公司、埃塞俄比亚国家电网公司等国际化的技术技能培训，书写了电力培训的新篇章。

二、"人民电业为人民"

国家电网有限公司切实践行"人民电业为人民"的企业宗旨，坚持以人民为中心的发展思想，供电员工始终坚持为民服务，把服务人民美好生活需要作为工作的出发点和落脚点，把为客户创造价值作为工作的重要着力点，在提高为民服务质量和水平上不断取得新成效，让人民群众获得感、幸福感全面提升。

张黎明就是其中的典范，他带领黎明共产党员服务队开展志愿服务 10 余年，把使命放在心上，把责任扛在肩上，勇于担当、无私奉献、扶危济困、团结互助，积极推动"黎明出发点亮万家"惠民志愿行动，发起并成立"黎明·善小"微基金，随时向有困难的群众提供真情服务；张黎明从客户的实际需求出发，用行动践行"你用电，我用心"的服务理念，带领团队把多年来在实际工作中遇到的各方面近万个故障进行总结分析，形成了 50 多个案例，编订成《急修案例库工作法》和《抢修百宝书》；利用"互联网+"技术，以"张黎明创新工作室"为代表的"班组创匠坊""职工创新成果孵化基地"等一批"众创、青创、班创"平台，成长为培育创新人才的"黄埔军校"，引导更多员工积极投身"创新、创造、创业"实践，培养出一支掌握核心技术的高端人才队伍。

从张黎明同志的事迹中，可以归纳出践行"人民电业为人民"主要应该从行为上做到以下五个方面。

（1）热爱自己的工作，提升职业责任感、使命感，肩负起供电人员的职责。

（2）提升专业业务知识技能，不断提升自己的业务处理水平，让客户少停电，甚至不停电。

（3）在工作中起好"传帮带"作用，团结协作，建设优秀工作团队，提升供电人员整体服务水平。

（4）开拓进取，通过对业务工作的钻研，勇于从技术、产品、工具、管理等多角度创新，不断优化工作方式，将"大云物移智链"等技术运用到供电业务中，提升工作质效，推进高质量发展。

（5）提升思想站位，乐于奉献，在工作内外都以服务群众为己任。

相关阅读：

用行动诠释"你用电·我用心"

杨乔在十年间的工作轨迹：营销人员—水磨供电所副所长—映秀供电所所长—水磨供电所所长。十年间，他从活蹦乱跳小伙变成了成熟稳重的中年大叔，岁月在他的脸上刻上了沧桑，而不变的是他一直在震中工作，一直从事心爱的为老百姓带来光明的事业，一直用心用情诠释"你用电，我用心"的国家电网公司服务理念。

2008年：我们的愿望是让老百姓都能看到奥运会

汶川"5·12"地震是所有汶川人心中永远的痛。2008年，杨乔是汶川电力公司一名普通营销员，地震发生后，公司组织人员上山对所有10kV、35kV线路进行全面巡查，整整3个月时间里，杨乔和工友每天起早摸黑，冒着余震走村串户，上沟下堑。2008年也是奥运年，确保灾区人民能看到奥运盛况，是所有灾区电力人的共同心愿，时年，杨乔只有30多岁，在伟大的抗震救灾精神的感召下，杨乔觉得自己全身充满了干劲，他说："不知为什么，那年夏天雨水特别多，而且余震不断，山体滑坡时有发生，那时我就在想，如果没有电，老百姓晚上遭遇次生灾害，恐怕逃离都难找到方向，所以，工作再苦再累都不重要，重要的是尽快全面恢复送电。"

映秀三年：对"你用电，我用心"有了粗浅认知

2010年，杨乔升任为水磨供电所副所长。那年夏天，"5·12"地震震中汶川遭受强降雨，全县发生16处泥石流。岷江形成堰塞体且河水发生改道，汶川县映秀镇洪水进入，3个"5·12"地震受灾极重乡镇电力、交通、通信中断，距离映秀只有20公里的水磨镇再次成为孤岛。作为副所长，为了第一时间尽快恢复辖区内供电，连续5天时间里，杨乔每天早上5点出门，晚上10点回家，"最困的时候站着都能睡着。"经过夜以继日的奋战，受损严重的设备设施迅速得到恢复，居民用电未受重大影响。

同年11月，杨乔升任为映秀供电所所长，映秀是汶川特大地震的震中，灾后重建工作异常繁重，前往视察的各级领导络绎不绝，大小不同的社会活动一个接一个，这一年，杨乔几乎天天都在"保电"中度过。

这一年，杨乔所在的民营电力公司和国家电网合并，国家电网的工作理念和服务要求给予他巨大的冲击："前后完全是两个概念，以前是管电，现在是为用户服务。比如，以前谁家欠费，我们可以直接对其停电。而并入国家电网后，国家电网倡导的是优质服务，内部实行首问负责制，现在谁家欠费，我们必须提前七天告知，实在没办法了才能停电催费；以前谁家电路出现故障，职工有空了才去处理，现在则是规定时限内，必须排除故障，而且哪怕用户自己资产线路出现了问题，国家电网也要无条件上门处理。"

起初，大家对"你用电，我用心"的服务承诺理解并不到位，2012年，国家电网调整电价时，两名上门催收电费的工作人员因为工作技巧欠妥，遭到20多人围攻，有人甚至给他们"戴帽子"说："我们是灾区，你们还要涨电价，你们还要不要我们活！"

杨乔闻讯赶到现场后第一反应是："不能让摩擦升级，不能造成大面积的舆情。"杨

企业文化与电力员工综合素质

乔掩护两名工作人员脱身后，耐心向大家宣传解释，其中几人首先被他诚恳的态度感动，在他们的劝解之下，两个小时后，人群渐渐散去，如释重负的那一刻，杨乔呆立在原地，半晌才回过神来。

在震中映秀工作的三年，是杨乔人生最重要最有收获的三年，他说："三年的淬炼，我感觉变成了真正的男人，处理各种事务变得游刃有余，工作主动性增强了，工作的方式方法多了，不再按部就班，学会了超前预想，看问题看得更远，分析问题想得更周全。"

水磨 6 年：兑现"你用电，我用心"的承诺

2013 年，杨乔重新调回水磨供电所任所长。6 年间，他带领职工用深情践行"你用电，我用心"的承诺。一天晚上 9 点过，辖区内三江镇突然停电，镇政府工作给他打来电话："我们镇政府正在弄抗震救灾资料，急需用电！"杨乔撂下电话，带上人马，20 分钟后就赶到三江，忙到晚上 11 点，线路抢修完毕。

2017 年，水磨遭受暴风雨袭击，300 线电杆断了一基，电线断了不少，水磨镇的垃圾处理场正好在断电线路上，如果不及时恢复供电，垃圾场无法运转，造成的环保后果不堪设想。

为了尽快修复受损线路，杨乔和工友们连续三天三夜奋战在抗洪抢险的现场，三天里，杨乔眼都没有合一下，累得站着都能睡着，恢复供电那一刻，县经信委主任握着杨乔的手激动地说："你们辛苦了！国家电网真正兑现了'你用电，我用心'的承诺。"

分析与思考：

(1) 从杨乔的事迹中，我们看到了供电员工怎样的行为文化？

(2) 作为一名电网公司新员工，从思想行为上，你做好了哪些准备工作？

三、国企的"六个力量"

2016 年习近平总书记在国企党建工作会上指出，国企必须具备以下六种力量：

(1) 成为党和国家最可信赖的依靠力量。

(2) 成为坚决贯彻执行党中央决策部署的重要力量。

(3) 成为贯彻新发展理念、全面深化改革的重要力量。

(4) 成为实施"走出去"战略、"一带一路"建设等重大战略的重要力量。

(5) 成为壮大综合国力、促进经济社会发展、保障和改善民生的重要力量。

(6) 成为我们党赢得具有许多新的历史特点的伟大斗争胜利的重要力量。

国家电网有限公司作为国企中的一员，责无旁贷。

（一）成为党和国家最可信赖的依靠力量

在防疫工作中，国家电网公司不仅全力保障了防疫前线湖北及其武汉的电力供应，而且最短时间内为火神山、雷神山医院搭建好了电力供应系统，为火神山医院的如期建成交付做出了重大贡献。

而在此之前，无论是区域内哪里发生了重大灾情、灾害，国家电网公司总是在第一时间做出动员和应对，保证"电力先行"，保障了应急救灾系统的顺畅运行。

（二）成为坚决贯彻执行党中央决策部署的重要力量

国家电网公司在贯彻执行党中央决策部署方面永远是第一时间做出响应，在学习贯彻中找准公司的职责和担当，及时准确采取措施，落实党中央的要求。

（三）成为贯彻新发展理念、全面深化改革的重要力量

从党的十八届三中全会通过中共中央关于全面深化改革若干重大问题决定以来，新一轮改革大潮涌动在神州大地，国家电网有限公司认真贯彻中央改革部署，精心组织，认真谋划，主动作为，持续健全改革工作机制，推动政策有效落地，各项改革任务扎实有序推进，各部门、各单位认真落实公司党组决策部署，坚持"一盘棋"运作，统一思想、认真履职，有效释放了改革红利，在确保电网安全可靠运行、员工队伍稳定的基础上，实现了改革稳中求进，国有企业改革、电力体制改革取得阶段性成果。

（四）成为实施"走出去"战略、"一带一路"建设等重大战略的重要力量

"一带一路"是中国国家战略的重要组成部分，对于我国外交、经济、国防军事等领域都有着至关重要的作用。2013年以来，国家电网有限公司积极参与"一带一路"建设，实施国际化发展战略，在电网互联互通、境外投资运营、国际产能合作、国际标准制定等方面取得了丰硕成果。

国家电网有限公司在海外市场，充分发挥了自身在大电网技术、运营、建设、装备等方面的经验和规模优势。不仅扩展了市场规模，而且为中国装备、中国技术标准的国际化做出了贡献。

（五）成为壮大综合国力、促进经济社会发展、保障和改善民生的重要力量

电网公司除了保障电力安全稳定的供应，电力价格是最直接能对社会经济产生影响的要素。近年来，国家连续发布的降电价政策。虽然降低工商业电价对于国家电网公司的利润产生了不小的影响，但是这也是服务大局、促进经济发展的重要手段。

（六）成为我们党赢得具有许多新的历史特点的伟大斗争胜利的重要力量

党的十八大报告指出，发展中国特色社会主义是一项长期的艰巨的历史任务，必须具备进行具有许多新的历史特点的伟大斗争。党的十九大报告强调：实现伟大梦想，必须进行伟大斗争，必须建设伟大工程，必须推进伟大事业。伟大斗争，伟大工程，伟大事业，伟大梦想，紧密联系、相互贯通、相互作用。[1]　就是说，"四个伟大"是一个有

---

① 习近平：《决胜全面建成小康社会　夺取新时代中国特色社会主义伟大胜利——在中国共产党第十九次全国代表大会上的报告》，北京：人民出版社2017年版，第15～17页。

机整体，不可分割，必须统一起来理解。国有企业是壮大国家综合实力、保障人民共同利益的重要力量，必须理直气壮做强做优做大，不断增强活力、影响力、抗风险能力，实现国有资产保值增值。从自身来说，国有企业做大做强能践行伟大工程、伟大事业。从服务党和国家发展大局来说，国有企业做大做强可以最大限度来支持党的伟大斗争。无论是志愿防疫救灾，还是脱贫攻坚；无论是建设"一带一路"，还是降低工商业电价，国家电网有限公司都永远以党和国家的事业为第一要务，成为我们党赢得具有许多新的历史特点的伟大斗争胜利的重要力量。

动手与实践：

国家电网有限公司的公司使命是：为美好生活充电，为美丽中国赋能。为美好生活充电，就是以更可靠的电力和更优质的服务，持续为客户创造最大价值，助力经济社会发展和人民美好生活。为美丽中国赋能，就是贯彻落实"四个革命、一个合作"能源安全新战略，主动适应能源革命和数字革命融合趋势，加快电网全面跨越升级，推动能源互联互通，促进建设清洁低碳、安全高效的能源体系，为建设美丽中国贡献力量。

【实践内容 1】"我为电网保安全"

实践背景：为了确保电网安全稳定运行，电网运检员工除了每年参加《电力安全工作规程》考试外，还需要对所辖范围的电力设备定期进行巡视，及时发现隐患，消除缺陷，避免事故发生，同时对日常要使用的安全工器具进行定期检查，绝不允许安全工具超期使用，"带病上岗"。

实践要求：请利用《电力安全技术》课程中所学到的安全工具检查要点知识，分小组，对指定库房的安全工具进行安全检查，对有缺陷的安全工具拍照取证，并完成如下表格。

安全工器具检查情况登记表

安全工器具名称	总数目	单位	型号	完好数量	有问题数量	问题备注
白色安全帽	28	顶	白色	28	0	
红色安全帽	39	顶	红色	35	4	试验合格证过期
黄色安全帽	14	顶	黄色	12	2	
蓝色安全帽	4	顶	蓝色	4	0	
绝缘手套	17	双	12kV	16	1	试验合格证过期
绝缘手套	2	双	35kv	2	0	
绝缘靴	2	双	20kV 以下	2	0	
绝缘鞋	1	双	35kV 以下	1	0	
绝缘杆	8	副	110kV	8	1	试验合格证过期
绝缘杆	4	副	220kV	4	0	

【实践内容 2】"争做文明劝导员"

实践背景： 在校园生活中，难免有一些不文明现象，或者在实训练习的时候容易忽视一些安全细节要求。为确保同学们在校园中安全、愉快地学习，需要人人争当文明践行者和劝导员，从自己做起，由己及人，营造良好的校园文化氛围。

实践要求： 请撰写一份有关校园文明行为或安全行为的微视频脚本，用手机拍摄微视频，并使用剪映等视频剪辑软件，完成视频制作，要求是横屏拍摄的，有背景音乐、有文字、有配音的视频。

【实践内容 3】"你用电，我用心"

实践背景： 为了向电力客户提供更优质的服务，客服人员在营业活动中要严格秉承优质服务的理念，细心、耐心、用心为客户解答疑惑，引导客户完成所需要的业务申请，及时为客户排除故障恢复供电等。

实践要求： 请利用所学知识，分小组，假想一个日常用电中可能会出现的情景（如接到用户因故障停电打来的询问电话，用户咨询电费发票的解读，用户申请专变供电等）分角色扮演客服人员和电力用户之间的对话，要求在对话中体现出"你用电，我用心"。

模块五 企业制度文化分析及实践

导　　读：

企业制度文化层是由企业的法律形态、组织形态和管理形态构成的外显文化，它是企业文化的中坚和桥梁，把企业文化中的物质文化层和精神文化层有机地结合成一个整体，以企业规章制度和物质现象为载体。企业的制度文化一般包括企业法规、企业经营制度和企业管理制度等。通过学习认识企业制度文化，使大学生意识到建设企业制度文化的必要性，有助于培养大学生遵守企业规章制度的良好习惯，在入职工作岗位后遵守企业劳动纪律。

学习目标：

(1) 能了解企业制度文化的含义。

(2) 能了解企业制度文化的作用。

(3) 能理解企业制度文化与精神文化、物质文化、行为文化的关系。

(4) 能掌握企业制度文化建设的要领。

(5) 能掌握电网企业制度文化及特征。

情景导入：

分粥的规则

有七个人组成的小团体，每个人都是平等的，但每个人都是自利的。他们想通过制度创新来解决每天的吃饭问题——要在没有计量工具的状况下分食一锅粥。

规则一：指定一个人负责分粥事宜，成为专业分粥人士。此规则的缺陷总是主持分粥的人碗里的粥最多最好，权利导致腐败，绝对的权利导致绝对的腐败。

规则二：指定一名分粥人士和监督人士，起初比较公平，但是后来分粥人士与监督人士从权力制约走向权力合作，于是分粥人士和监督人士的粥最多，导致制度失败。

规则三：谁也信不过，大家轮流主持分粥，每人一天。虽然看起来比较公平，但是每人在一周中只有一天吃得饱且有剩余，其余6天都饥饿难挨。大家认为这一制度造成了浪费。

规则四：大家民主选举一个信得过的人主持分粥。这位品德尚属上乘的人起初还能公平分粥，但不久后他就有意识地为自己和溜须拍马的人多分。大家一致认为不能放任其腐化和风气的破坏，还得寻找新制度。

规则五：民主选举一个分粥委员会和一个监督委员会，形成民主监督和制约机制。公平基本做到了，由于监督委员会经常提出各种议案，分粥委员会又据理力争，等分粥完毕，粥都凉了。此制度效率太低。

规则六：对于分粥，每人均有一票否决权。这有了公平，但恐怕最后谁也喝不上粥。

规则七：每个人轮流值日分粥，但分粥的人要最后一个领粥。在这一制度下，7只碗里的粥每次都是一样多，就像用科学仪器量过一样。因为每个主持分粥的人都认识到，如果7只碗和粥不同，他确定无疑是享用那份最少的。

根据上述事例展开以下讨论：

(1) 在这则故事中，这7个人是如何在没有计量工具的状况下分食一锅粥以解决每天的吃饭问题的？

(2) 现代企业中，没有"制度"可行吗？

任务一　认识制度文化

一、企业制度文化的含义

制度在《辞海》中的解释为"要求成员共同遵守的、按一定程序办事的规程"。古语有云"没有规矩，无以成方圆"。在企业中，企业制度文化是人与物、人与企业运营制度的结合部分，它既是人的意识与观念形态的反应，又是由一定物的形成所构成的。制度文化对企业文化的建设具有重要作用。

所谓企业制度文化，就是围绕企业核心价值观，为实现企业目标，要求全体职工共同遵守的，按一定程序办事的行为方式及与之相适应的组织机构、规章制度的综合。制度文化体现了企业管理的刚性原则，是支撑企业发展的相对稳定的制度安排，它既有相对独立性，又是连接物质文化、行为文化与精神文化的中间环节，缺少制度文化，企业难以形成良好的运作机制，内外层文化建设也很难长久和落到实处。加强企业制度文化建设，关系到企业文化能否有生命力，能否持续长久，是一个企业是否成熟的重要标志。

二、企业文化制度化的作用

有人说，五年企业靠运气，十年企业靠制度（管理），百年企业靠文化。

人们对企业文化的认知往往停留在孤立的思想层面，有的人认为企业文化是管理者的思想，有的人认为企业文化是公司宣传的标语，有的人认为企业文化是大家共同认同的价值观。不管人们对企业文化的认知是否到位，但终究它只是停留在理论层面，要想让文化落地，我们必须将其制度化，变成企业的制度文化。

企业制度文化是企业文化的重要组成部分，是塑造企业精神文化的根本保证。企业精神所倡导的一系列行为准则，必须依靠制度的保证去实现，通过制度建设规范企业成员的行为，并使企业精神转化为企业成员的自觉行动。制度文化是精神文化的基础和载体，并对企业精神文化起反作用。一定的企业制度的建立，又影响人们选择新的价值观念，成为新的精神文化的基础。企业文化总是沿着精神文化—制度文

企业文化与电力员工综合素质

化—新的精神文化的轨迹不断发展、丰富和提高。作为企业文化中人与物、人与企业运营制度的中介和结合，作为一种约束企业和员工行为的规范性文化，企业制度文化能够使企业在复杂多变、竞争激烈的环境中处于良好的运转状态，从而保证企业目标的实现。

所有企业都有企业文化。要评价一个企业的企业文化，如果不探讨这个企业的制度建设，那么只能是一种空洞的、不真实的主观臆想。制度对于企业的意义在于它建立了一个使管理者的意愿得以贯彻的有力支撑，并且在得到员工认可的前提下，将矛盾由人与人的对立弱化为人与制度的对立，更好地实现约束和规范员工行为，减少对立或降低对立的尖锐程度，逐渐形成有自己特色的企业文化。

文化的自然演进是缓慢的。任何企业文化都是有意识地、自觉地规范管理的结果。企业领导者一旦确认倡导新文化的合理性和必要性，在宣传教育的同时，便应制定相应的行为规范和管理制度，在实践中不断强化，努力转变员工的思想观念及行为模式，这样才能逐步建立起新的企业文化。

三、企业制度文化与精神文化、物质文化、行为文化的关系

企业虽然是一个开放的系统，但它毕竟是一个"组织"，工作在不同"组织"里的人在思想与行为上必然地要受到组织环境的影响，这种影响正是企业文化的影响。按照本书的编写内容，我们把企业文化划分为四个层次：企业精神文化、企业制度文化、企业行为文化和企业物质文化。下面我们将分别叙述企业制度文化与其余三者之间的关系。

（一）企业制度文化与企业精神文化

二者之间是辩证统一的关系。一方面，企业制度文化是一定企业精神文化的产物，它必须适应企业精神文化的要求。人们总是在一定的价值观指导下去完善和改革企业的各项制度，企业的组织机构如果不与企业目标的要求相适应，那么企业目标就无法实现。卓越的企业总是用适应企业目标的企业组织结构去迎接未来，从而在竞争中获胜。另一方面，企业制度文化又是企业精神文化的基础和载体，并对企业精神文化起着反作用。一定的企业制度的建立，又影响人们选择新的价值观念，成为新的精神文化的基础。企业文化总是沿着精神文化—制度文化—新的精神文化的轨迹不断发展、丰富和提高的。

（二）企业制度文化与企业物质文化

企业物质文化是企业制度文化的存在前提，只有具备一定的企业物质文化才能产生与之相适应的企业制度文化，现代化的生产设备要求形成一套现代化的管理制度，企业制度文化要随着企业物质文化的变化而变化，企业劳动环境和生产的产品发生了变化，企业的组织结构就必须做出相应的变化，否则就不能发挥其应有的效能；而企业制度文化则是企业物质文化建设的保证，优秀的企业制度文化又可以促进企业物质文化的形成和发展，没有严格的岗位责任制和科学的操作规程等一系列制度的约束，任何企业都不可能生产出优质的产品，也不可能提供令客户满意的服务。

94

（三）企业制度文化与企业行为文化

企业制度文化规定并制约了企业行为文化，同时又是企业行为文化得以正常运行的保证。

四、企业规章制度

企业规章制度是企业经营活动保持稳定运转的信号系统，它把企业周而复始的行为以明确、具体的程序和标准固化，使企业精神、理念通过制度形式表现出来。企业制度文化规定了企业行为中哪些应该做、好好做，哪些不该做、不能做，顺"规"者奖，逆"规"者罚，通过鼓励与约束、赞赏与惩处，最终达到企业控制的目标。企业规章制度的重要作用主要有以下四个方面。

1. 正面引导与教育作用

规章制度作为企业内部规范员工行为的一种准则，具有为员工在生产过程中指引方向的作用。规章制度公布后，员工就清楚地知道自己享有哪些权利，怎样获得这些权利，应该履行哪些义务，如何履行义务。比如规章制度中规定上下班时间，员工就知道了什么时候是工作时间，什么时候是休息时间，就可以指引员工按时上下班，防止员工因迟到或早退而违反劳动纪律。再如，规章制度中规定工作中的行为规范，可以引导、教育员工约束自己的行为，防止出现不良行为。由此可见，优秀的规章制度通过合理的权利义务及责任的设置，可以使职工能预测到自己的行为和努力的后果，激励其工作积极性。

2. 反面警戒与威慑作用

反面的警戒和威慑作用主要体现在以下两个方面：首先，通过对员工违反规章制度的后果做出规定来威慑员工，使员工能够事先估计到在劳动生产过程中如何作为以及作为的后果，自觉抑制不法行为的发生。其次，通过对违反规章制度的行为予以惩处，让违反规章制度的员工从中受到教育的同时也使其他员工看到违反规章制度的后果，达到警戒和威慑全体员工的效果。

3. 防患未然与预防争议发生的作用

企业生产劳动的过程，也是劳资双方履行义务、享受权利的过程。劳资双方权利义务的实现需要多种措施来保证，劳动合同、集体合同和国家法规政策是其中的重要保证之一，而企业规章制度也是重要的保证之一。规章制度不仅可以明确劳资双方的权利和义务，而且还可以更为具体地明确劳资双方实现权利和义务的措施、途径和方法等。因此，当劳资双方的权利和义务以及权利和义务实现的措施、途径和方法通过规章制度加以明确、具体后，就可以大幅度防止纠纷的发生，从而可以维护企业正常的生产和工作秩序。例如，休息休假属于劳动合同的必备条款，但是劳动合同中可能仅仅涉及假期的种类，至于各类假期的请假条件、请假手续、假期期间的待遇，一般不会在劳动合同中进行详细约定，这就需要企业在规章制度中对休假进行详细规定，否则，会引起很多纠纷。

4. 事后支持与提供处理劳动争议证据的作用

由于劳动关系具有对抗性的一面，因此，企业在劳动生产过程中，劳资矛盾是无法避免的，人力资源管理者所能做到的也只是尽量缓和劳资矛盾，无法消除、杜绝劳资矛盾。当劳资矛盾爆发无法通过协调解决时，诉诸法律就是唯一的选择。劳动争议仲裁机构和法院审理劳动争议案件时，需要依据国家法规政策、劳动合同、集体合同。由于规章制度也涉及劳资双方的权利和义务，裁判机关也会依据企业的规章制度来裁判案件。特别是在国家法规、劳动合同和集体合同对纠纷的有关事项规定不明确、不具体时，规章制度就显得尤为重要。规范的企业在制定规章制度的时候就充分考虑所有的情形，将可能成为争议焦点的内容加以细化，并用书面的形式固定下来，一旦发生争议，这样的规章制度便能维护企业的合法权益。可以说，规章制度的重要性贯穿于企业管理和纠纷解决的全过程。

任务二　企业制度文化的内容及建设

一、企业制度文化的内容

（一）企业制度文化的性质

企业制度文化是企业为实现自身目标而对员工的行为给予一定限制的文化，它具有规范性。企业制度文化的"规范性"是一种来自员工自身以外的，带有强制性的约束，它规范着企业中的每一个人，企业工艺操作规程、厂规厂纪，经济责任制、考核奖惩制度等都是它的内容。因此，企业制度文化就是由企业的法律形态、组织形态和管理形态构成的外显文化。

（二）企业制度文化的范围

企业制度文化属于企业文化的制度层，一般认为主要包括企业领导体制、企业组织机构和企业管理制度三个方面。

（1）企业领导体制是企业领导方式、领导结构、领导制度的总称，其中主要是领导制度。企业的领导制度，受生产力和文化的双重制约，并随着生产力水平的提高和文化的进步而不断变革。不同历史时期的企业领导体制，反映着不同历史时期的企业文化。在现代企业制度文化中，领导体制影响着企业组织结构的设置，制约着企业管理的各个方面。所以，企业领导体制是现代企业制度文化的核心内容。卓越的企业家就应当善于建立统一、协调的企业制度文化，特别是统一、协调的企业领导体制。

（2）企业组织机构，是指企业为了有效实现企业目标而筹划建立的企业内部各组成部分及其关系。如果把企业视为一个生物有机体，那么组织机构就是这个有机体的骨髓。因此组织机构是否适应企业生产经营管理的要求，对企业生存和发展有很大的影响。不同的企业文化有着不同的组织机构。大凡优秀的企业总是顺应时势，不断改变企业的组织结构以适应企业目标的变化，从而在竞争中获胜。影响企业组织机构的不仅是企业制度文化中的领导体制，而且企业文化中的企业环境、企业目标、企业生产技术及企业员工的思想文化素质等也是重要因素。组织机构形式的选择，必须有利于企业目标的实现。

（3）企业管理制度是企业为求得最大效益，在生产管理实践活动中制定的各种带有强制性义务，并能保障一定权利的各项规定或条例，包括企业的人事制度、生产管理、民主管理制度等一切规章制度。企业管理制度是实现企业目标的有力措施和手段。它作为职工行为规范的模式，能使职工个人的活动得以合理进行，同时又成为维护职工共同利益的一种强制手段。因此，企业各项管理制度，是企业进行正常的生产经营管理所必需的，它是一种强有力的保证。优秀企业文化的管理制度必然是科学、完善、实用的管理方式的体现。

二、企业制度文化的建设

（一）制度与文化的辩证关系

在企业文化建设过程中，人们对"制度与文化"的认识经常陷入一种误区，或把二者对立起来，或把二者混为一谈，分不清二者在企业管理中的地位与作用。实质上，企业制度与企业文化既存在紧密联系，又相互区别。

一方面，制度与文化是互动的，而且永远是并存的。当管理者认为某种文化需要倡导时，他可能通过培养典型人物的形式，也可能通过开展活动的形式来推动和传播。但要把倡导的新文化渗透到管理过程中，变成人们的自觉行动，制度则是最好的载体之一。人们普遍认同一种新文化可能需要经过较长时间，而把文化"装进"制度，则会加速这种认同过程。当企业中的先进文化或管理者倡导的新文化已经超越制度文化的水准，这种文化又会催生出新的制度。制度再周严也不可能凡事都规定到，但文化时时处处都能对人们的行为起约束作用。另一方面，虽然制度永远不可能代替文化的作用，但也不能认为文化管理可以替代制度管理。由于人的价值取向的差异性和对组织目标认同的差异性，要想使个体与群体之间达成协调一致，仅靠文化管理是不行的。第一，在大生产条件下，没有制度，即使人的价值取向和对组织的目标有高度的认同，也不可能达成行动的协调致。第二，制度与文化又有很多不同，如表现形式不同演进方式不同和概念不同等。

（二）制度建设与"以人为本"

制度对于企业的意义在于通过建立一个使管理者意愿得以贯彻的有力支撑，使企业管理中不可避免的矛盾由人与人的对立弱化为人与制度的对立，从而可以更好地实现约束和规范员工行为，减少对立或降低对立的尖锐程度，逐渐形成有自己特色的企业文化。

然而，管理制度要成为具有本企业特色的文化内容，还需要有个前提条件，那就是要"得到员工认可"。任何人都不要将这个条件简单化。员工认可是管理制度上升为企业文化的必备步骤之一。把握好这一步骤的关键是把握好制度文化效力点所在的问题，也就是把握好企业精神、价值观的"柔"与制度化管理的"刚"有效结合的问题。把握好这个问题，实际上涉及一种基本的人性和人情观的问题。制度文化的效力点不在别处，而在人的心灵。所以要适当把握企业精神、价值观的"柔"和制度化管理的"刚"，必须坚持"以人为本"。

如何在保证制度顺畅执行的前提下，尽量减弱人与制度之间的对立，是企业制度文化建设中必须注意的问题。这个问题的实质就是如何在企业制度文化建设的过程中坚持"以人为本"。鼓励员工参与到企业各项制度的制定工作中来，倡导企业的民主管理制度和民主管理方式，是坚持"以人为本"；重视各项制度执行中的反馈意见，广泛接受企业员工和广大服务对象的意见、批评和建议，及时做好有关制度的调整工作，是坚持"以人为本"；完善公开制度，增加工作的透明度，让员工知情、参政、管事，使企（司）务公开工作更广泛、更及时和更深入人心，也是坚持"以人为本"。实践证明，坚持"以人为本"，走群众路线，"从群众中来、到群众中去"，有利于保证各项制度的合理性和可行性。

（三）企业制度文化的建设

企业制度文化的建设简而言之就是指企业文化相关的理念的形成、塑造、传播等过程，要突出在"建"字上。企业文化建设是基于策划学、传播学的，是一种理念的策划和传播，是一种泛文化。

建设企业制度文化概括起来，有以下三个方面：

第一，提炼文化理念。企业为达到自己的根本目标，实现根本宗旨，要提炼或设计出明确的核心价值观和核心理念，并在其指导下，提出每一个分系统的理念或价值观。例如海尔的企业精神是"敬业报国，追求卓越"，这种精神体现在质量管理上，就是"零缺陷、精细化"；体现在销售上，就是"先卖信誉、后卖产品"；体现在产品开发上，就是"客户的难题就是开发的课题"；体现在市场开发上，就是"创造需求、引导消费""自己做个蛋糕自己吃"；体现在服务上，就是"零距离、零抱怨、零投诉"。将这些精神理念或价值观进行宣传，让员工学习、体会，进而产生认同。

第二，树立行动典型。当企业提出自己的某一理念或价值观时，个人理念和价值观与企业比较接近的人能够直接认同并接受下来，用这种理念做指导，做出具体行动。这部分人可能是少数。但是恰恰这少数人就是企业的骨干，企业应该把这部分骨干的行为树立为典型，充分利用其示范效应，使理念形象化。这时原先没有认同理念的员工，一部分会直接模仿典型行为，产生企业需要的行为，还可能有一部分员工，从典型人物的行为中理解和认同了企业理念与价值观，从而做出企业需要的行为。

第三，强力巩固成果。在企业提出理念、树立典型、制定制度后，还会有极个别员工无视理念与制度的存在，依然我行我素，屡犯制度。这些人一般是企业的"刺头"，如果严格按照制度对其进行惩罚，则会得罪这些人，许多管理者为了不得罪这些人，宁肯不对其进行真正惩罚，那么管理制度在这些人物身上就会失效。这种失效现象会像瘟疫一样迅速蔓延，很快会波及整个制度体系的有效运行，严重时甚至会使人产生对企业理念与价值观的怀疑。实际上很多企业的文化理念与管理制度就是这样失败的。所以企业在执行制度过程中，必须使管理者素质过硬，真正使制度的执行公正、公开公平。这样通过制度的执行，企业理念与价值观不断得到内化，最终变成员工自己的理念与价值观。

通过"三部曲"的实施，企业就可以形成"管理制度与企业文化紧密结合"的企业制度文化体系。在这种体系中，个人价值观与企业价值观相同的员工，自然受到极大激励，甚至可以做出"一切以企业利益为重，毫不利己，专门利人"的行为。个人价值观与企业价值观不相同甚至相反的员工，由于制度规定了员工行为的"底线"，员工可以不认可企业理念，但是不能违背制度规定。一旦发生违背制度的行为，或不按照制度提倡的方式行事，要么受到惩罚，要么得不到奖励，于是出于自我利益的考虑，这类员工可能发生利己也利企业的行为。

相关阅读：

华为：文化、制度"双剑"合璧

华为通过将虚的做实，用制度严格考核企业文化；将实的做虚，不断完善企业文化，使文化的内容转化为目标、战略、战术、制度、管理规范、管理政策并融入组织的方方面面，最终实现了"虚实结合"的互补效应。

打破人才评价的文化收敛，推动破格升级制度

为避免文化的过度收敛，华为内部推行了破格提拔制度，以绩效结果为导向，弱化对优秀人才劳动态度的考核。2012年，华为EMT会议在已有的干部任用和个人职级管理规则及程序的基础上形成了"破格升级制度"方案：

（1）符合条件的人员，可不受现职级限制，直接选拔任用到与其所担责任对应的岗位上；在其岗位对应的职级范围，实现超出现有规则要求的个人职级破格提拔。原则上每次个人职级最大升幅不超过三级。

（2）破格升级适用于以下人群：长期绩效结果表现突出，为同层级员工的标杆类人员；勇于奔赴和扎根海外地区或挑战性岗位，并做出突出贡献者；在重大项目、竞争项目、公司变革项目中勇挑重担，绩效突出的骨干员工；在新业务领域，敢冒风险，勇于挑战，取得突出成绩的干部；临危受命，不畏艰难，扭转不利的经营管理局面的干部与骨干员工。

（3）获得破格升级的人员，原则上应满足以下条件：在其岗位上工作已满一年或在重大项目上至少完成一个周期的任务，绩效结果优秀（劳动态度评估结果不作为破格升级的必要条件），在日常工作中表现出认同并践行公司核心价值观、敢于担当、积极进取的行为。

（4）以上各类人员的破格升级可按照一定的程序实行授权审批。原则上可适用现有流程的按现有流程执行；若现有流程不能够支撑的，则制定专项审批流程，以使审批既规范又具有一定的灵活性。

（5）公司人力资源部应根据以上要求，制定具体的操作标准、审批程序和授权机制，经公司人力资源委员会批准后予以实施。

打破职能部门的管控型收敛，形成决策、管理、执行结构

30多年来，华为围绕"价值创造、价值评价和价值分配"三大主体开展人力资源管理，可以说人力资源体系已成为华为文化以客户为中心以奋斗者为本，长期艰苦奋斗的代名词，也成为任正非掌握思想权和假设权的重要部门。

华为于2018年初开展《华为人力资源管理纲要2.0》的公开讨论，并于2018年7月成立公司总干部部，与人力资源部分离。

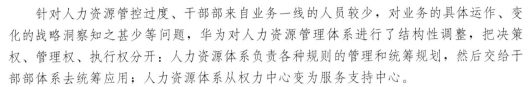

针对人力资源管控过度、干部部来自业务一线的人员较少，对业务的具体运作、变化的战略洞察知之甚少等问题，华为对人力资源管理体系进行了结构性调整，把决策权、管理权、执行权分开：人力资源体系负责各种规则的管理和统筹规划，然后交给干部部体系去统筹应用；人力资源体系从权力中心变为服务支持中心。

打破不迁就任何人的考核收敛，让干部能上能下

无论是华为历史上的"市场部大辞职"还是"内部大创业"，华为都在阐明一个文化的基本立场：干部不享受终身制，坚持以责任结果导向来选择和激励干部。

华为公司的干部每半年甚至每个季度都要进行述职，年终的述职情况决定了其是否可以留任。公司高管也不例外，华为高层管理者每半年都要通过自己的述职报告向全体员工进行绩效承诺，并公开在内部报纸上亮相。对于达不到任职目标的干部实行末位淘汰，每个层级不合格干部的位淘汰率高达10%。

任务三　分析国家电网公司制度文化

一、国网公司组织机构

国家电网有限公司成立于 2002 年 12 月 29 日，是根据《中华人民共和国公司法》设立的中央直接管理的国有独资公司，注册资本 8295 亿元，以投资建设运营电网为核心业务，是关系国家能源安全和国民经济命脉的特大型国有重点骨干企业，承担着保障安全、经济、清洁、可持续电力供应的基本使命。

公司经营区域覆盖我国 26 个省（自治区、直辖市），供电范围占国土面积的 88%，供电人口超过 11 亿。2021 年，公司在《财富》世界 500 强中排名第 2 位。

近 20 多年来，国家电网持续创造全球特大型电网最长安全纪录，建成多项特高压输电工程，成为世界上输电能力最强、新能源并网规模最大的电网，专利拥有量连续 10 年位列央企第一。

公司投资运营菲律宾、巴西、葡萄牙、澳大利亚、意大利、希腊、阿曼、智利和中国香港等 9 个国家和地区的骨干能源网，连续 17 年获得国务院国资委业绩考核 A 级，连续 9 年获得标准普尔、穆迪、惠誉三大国际评级机构国家主权级信用评级。

相关阅读：

以股份制为核心的现代企业制度建设

随着社会主义市场经济体制的建立和完善，中共十四届三中全会进一步明确了建立现代企业制度是国有企业改革的方向。此后，中共十五大又进一步肯定了股份制在公有制实现形式中的重要地位，并重申建立现代企业制度是国有企业改革的方向。要按照"产权清晰，权责明确，政企分开，管理科学"的要求，对国有大中型企业实行规范的公司制改革，使企业成为适应市场的法人实体。

2002 年 3 月，国务院正式批准了以"厂网分开，竞价上网，打破垄断，引入竞争"为宗旨的《电力体制改革方案》。12 月 29 日，在原来国家电力公司的基础上，中国电力新组建（改组）的 11 家公司宣告成立。至此，"国家电力公司"寿终正寝，其电网、电源及辅业资产相应为两家电网公司、五家发电集团公司和四家辅业集团公司所取代。2002 年改革前后的电力市场结构如图 5-1 所示。

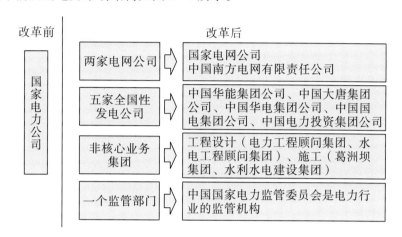

图 5-1　2002 年改革前后的电力市场结构

全国电网企业组织机构如图 5-2 所示。

国家电网公司	华北电网公司	北京、天津、河北、山西、山东
	东北电网公司	吉林、辽宁、黑龙江、蒙东（2009）
	华东电网公司	上海、安徽、江苏、浙江、福建
	华中电网公司	湖北、湖南、河南、江西、四川、重庆
	西北电网公司	陕西、甘肃、宁夏、青海、新疆、西藏
南方电网公司		广东、广西、云南、贵州、海南

图 5-2　全国电网企业组织机构

截至 2021 年，中国国家电网公司组织机构包含直属单位 37 家，省公司 27 家，部门机构 29 个，分部 6 个。（注：以下数据来自国家电网公司官方网站）

（1）直属单位名单如下：

①全球能源互联网集团有限公司

②国家电网国际发展有限公司

③南瑞集团有限公司（国网电力科学研究院有限公司）

④国家电网信息通信产业集团有限公司

⑤国家电网电动汽车服务有限公司

⑥国家电网电子商务有限公司（国网雄安金融科技集团有限公司）

⑦中国电力技术装备有限公司

⑧国家电网新源控股有限公司（国网新源水电有限公司）

⑨国家电网通用航空有限公司

⑩国家电网物资有限公司

⑪英大传媒投资集团有限公司

⑫国家电网综合能源服务集团有限公司

⑬国家电网中兴有限公司

⑭许继集团有限公司

⑮平高集团有限公司

⑯山东电工电气集团有限公司

⑰国家电网有限公司直流技术中心

⑱国家电网有限公司特高压建设分公司

⑲国家电网有限公司信息通信分公司

⑳国家电网有限公司客户服务中心

㉑国家电网有限公司大数据中心

㉒中国电力科学研究院有限公司

㉓国家电网经济技术研究院有限公司

㉔国家电网能源研究院有限公司

㉕全球能源互联网研究院有限公司

㉖中共国家电网有限公司党校（国家电网管理学院）

㉗国家电网大学（国家电网有限公司高级培训中心）

㉘国家电网有限公司技术学院分公司

㉙国家电网英大国际控股集团有限公司

㉚中国电力财务有限公司

㉛英大泰和财产保险股份有限公司

㉜英大泰和人寿保险股份有限公司

㉝英大长安保险经纪有限公司

㉞英大国际信托有限责任公司

㉟英大证券有限责任公司

㊱国家电网国际融资租赁有限公司

㊲国家电网海外投资有限公司

（2）部门、机构名单如下：

①党组办公室（国家电网办公室、国家电网董办）

②国家电网研究室

③国家电网发展部

④国家电网财务部

⑤国家电网安监部

⑥国家电网设备部

⑦国家电网营销部（国网农电部）

⑧国家电网科技部（国网联办）

⑨国家电网基建部

⑩国家电网互联网部

⑪国家电网物资部

⑫国家电网产业部

⑬国家电网国际部

⑭国家电网审计部

⑮国家电网法律部

⑯国家电网人资部

⑰国家电网后勤部

⑱国家电网党建部（国网政工部、直属党委总部党委、国网团委）

⑲国家电网组织部（国网人事部）

⑳国家电网宣传部（国网外联部）

㉑国家电网巡视办（直属纪委、总部纪委、国网行监办）

㉒国家电网离退休部

㉓国家电网工会

㉔国家电网体改办

㉕国家电网特高压部

㉖国家电网水新部

㉗国调中心

㉘国家电网企协

㉙国家电网社会保障管理中心　北京电力交易中心

（3）省公司名单如下：

①国家电网北京市电力公司

②国家电网天津市电力公司

③国家电网河北省电力有限公司

④国家电网冀北电力有限公司

⑤国家电网山西省电力公司

⑥国家电网山东省电力公司

⑦国家电网上海市电力公司

⑧国家电网江苏省电力有限公司

⑨国家电网浙江省电力有限公司

⑩国家电网安徽省电力有限公司

⑪国家电网福建省电力有限公司

⑫国家电网湖北省电力有限公司

⑬国家电网湖南省电力有限公司

⑭国家电网河南省电力公司

⑮国家电网江西省电力有限公司

⑯国家电网四川省电力公司

⑰国家电网重庆市电力公司

⑱国家电网辽宁省电力有限公司

⑲国家电网吉林省电力有限公司

⑳国家电网黑龙江省电力有限公司

㉑国家电网内蒙古东部电力有限公司

㉒国家电网陕西省电力有限公司

㉓国家电网甘肃省电力公司

㉔国家电网青海省电力公司

㉕国家电网宁夏电力有限公司

㉖国家电网新疆电力有限公司

㉗国家电网西藏电力有限公司

（4）分部名单如下：

①国家电网华北分部

②国家电网华东分部

③国家电网华中分部

④国家电网东北分部

⑤国家电网西北分部

⑥国家电网西南分部

二、企业管理制度

（一）国家电网公司员工守则

《国家电网公司员工守则》是公司全体员工应共同遵守的基本行为准则，其内容如下。

（1）遵纪守法，尊荣弃耻，争做文明员工。

（2）忠诚企业，奉献社会，共塑国网品牌。

（3）爱岗敬业，令行禁止，切实履行职责。

（4）团结协作，勤奋学习，勇于开拓创新。

（5）以人为本，落实责任，确保安全生产。

（6）弘扬宗旨，信守承诺，深化优质服务。

（7）勤俭节约，精细管理，提高效率效益。

（8）努力超越，追求卓越，建设一流公司。

《国家电网公司员工守则》全篇总计 112 个字，高度概括，内容全面、要求明确、结构严谨、言简意赅，突出强调员工要大力弘扬社会主义荣辱观，做到遵纪守法、尊荣弃耻，忠诚企业、奉献社会，爱岗敬业、令行禁止，团结协作、勇于创新，坚持与时俱进，体现时代特征，体现企业特色，忠实反映了国家电网公司一系列管理理念，突出了安全生产，优质服务，经济效益等公司核心工作。《国家电网公司员工守则》的颁布对于推进国家电网公司集团化运作、集约化发展、精细化管理、标准化建设，加强企业文化建设，建设高素质员工队伍，实现公司发展战略目标具有重要意义。《国家电网公司员工守则》中融入了企业精神、企业愿景、企业理念、企业核心价值观等文化元素，将文化元素有效落地，通过守则规范员工的行为，使其努力成为政治坚定、业务精通、品质优秀、甘于奉献，适应现代公司发展需要的高素质员工。

（二）国家电网公司电力安全工作规程

《国家电网公司电力安全工作规程（变电站和发电厂电气部分试行）》（以下简称《安规》）由中国电力出版社出版，内容包括：总则、高压设备工作的基本要求、保证安全的组织措施、保证安全的技术措施、线路作业时变电站和发电厂的安全措施、带电作业、发电机、同期调相机和高压电动机的检修、维护工作、在六氟化硫电气设备上的工作、在停电的低压配电装置和低压导线上的工作、二次系统上的工作、电气试验、电力电缆工作、一般安全措施等。

相关阅读：

国家电网公司电力安全工作规程（变电站和发电厂电气部分）总则内容如下：

1　为加强电力生产现场管理，规范各类工作人员的行为，保证人身、电网和设备安全，依据国家有关法律、法规，结合电力生产的实际，制定本规程。

2　作业现场的基本条件

2.1　作业现场的生产条件和安全设施等应符合有关标准、规范的要求，工作人员的劳动防护用品应合格、齐备。

2.2　经常有人工作的场所及施工车辆上宜配备急救箱，存放急救用品，并应指定专人经常检查、补充或更换。

2.3　现场使用的安全工器具应合格并符合有关要求。

2.4　各类作业人员应被告知其作业现场和工作岗位存在的危险因素、防范措施及事故紧急处理措施。

3　作业人员的基本条件

3.1经医师鉴定，无妨碍工作的病症（体格检查每两年至少一次）。

3.2　具备必要的电气知识和业务技能，且按工作性质，熟悉本规程的相关部分，并经考试合格。

3.3　具备必要的安全生产知识，学会紧急救护法，特别要学会触电急救。

3.4　进入作业现场应正确佩戴安全帽，现场作业人员应穿全棉长袖工作服、绝缘靴。

4　教育和培训

4.1　各类作业人员应接受相应的安全生产教育和岗位技能培训，经考试合格上岗。

4.2　作业人员对本规程应每年考试一次。因故间断电气工作连续三个月以上者，应重新学习本规程，并经考试合格后，方能恢复工作。

4.3　新参加电气工作的人员、实习人员和临时参加劳动的人员（管理人员、临时工等），应经过安全知识教育后，方可下现场参加指定的工作，并且不得单独工作。

4.4　参与公司系统所承担电气工作的外单位或外来人员工作人员应熟悉本规程，经考试合格，并经设备运行维护管理单位认可，方可参加工作。工作前，设备运行维护管理单位应告知现场电气设备接线情况、危险点和安全注意事项。

5　任何人发现有违反本规程的情况，应立即制止，经纠正后才能恢复作业。各类作业人员有权拒绝违章指挥和强令冒险作业；在发现直接危及人身、电网和设备安全的紧急情况时，有权停止作业或者在采取可能的紧急措施后撤离作业场所，并立即报告。

6 在试验和推广新技术、新工艺、新设备、新材料的同时，应制定相应的安全措施，经本单位批准后执行。

安全，对于从事电力工作的每一个人来说都非常重要，它不仅关系到电力的安全运行，也关系到人身和设备的安全。《安规》学习和培训更是国家电网公司始终常抓不懈的一项工作，"安全第一、预防为主、精心操作、杜绝违章"是一线员工最早接触到的安全理念。在电力行业中，安全作为所有工作的前提，一线员工感触更加深刻，"安全第一、综合治理"，一次次血的安全事故教训告诫员工学习和认真施行《安规》的重要性。

作为公司员工，不断学习《安规》，用不断创新的安全生产观念营造安全氛围，为安全生产保驾护航。安全是企业生产的生命线，是企业发展的基石。员工的人身安全、生命安全没有保障，企业的一切都无从谈起。通过学习活动的开展，促使自己牢记"安全第一，预防为主"的安全生产方针，进一步提高自己努力学习专业技术知识，不断提高业务素质的积极性，始终做到不伤害自己，不伤害他人，不被他人伤害，坚决与"违章、麻痹、不负责任"三大敌人作斗争，预防和杜绝各种责任事故的发生，为公司的改革、发展、稳定作出贡献。

落实责任，用心用情。安全工作的本质就是使人的生命、健康和企业财产不受威胁，安全工作的好坏是事关人身安全和健康的大事，必须用严谨、认真的态度来对待。每当发生安全事故，人们事后都会发现，造成事故发生的原因往往十分简单：忽视了安全管理的某个细小环节。漠视痛苦、麻木不仁，心存侥幸，责任不明，措施不力，讲形式走过场等不用心的工作态度才是安全事故发生真正的根源。只有带着感情抓安全，才能增加责任心，落实安全措施，及时发现和消除安全隐患。一起事故对于一个企业来说，可能是几千分之一，几万分之一的不幸，但对于一个家庭来说，就是百分之百的灾难。只有实现了从"要我安全"到"我要安全"的思想转变，才能在实际工作中做到"工作零违章、安全零事故"的目标。安全是最大的效益，事故是最大的浪费。于是，便有了那一本本规程，一条条标语。但是，安全不能仅仅只写在书上，贴在墙上，拿在手上，而更应该记在心里。有这么一句话，生产现场不是缺少缺陷，而是缺少发现。不要让那些事故的萌芽在眼皮底下溜走。

安全是船，它承载着人生航行的旅程；安全是风，它吹拂着企业发展的春天。安全是笔，它描绘着一幕幕精彩的画面。让我们迎着朝阳轻松地走上工作岗位；让我们牢记规程，严格地执行标准化操作；让我们明察秋毫，不放过每一个不安全因素。只有这样，我们才能在下班时谈笑风生，体会着工作的乐趣；才能在刚进家门时看到妻儿甜美的笑脸，享受着家庭的温馨；才能在下次上班前听到父母的唠叨，延续着父母那热切的关心。

作为一名电力职工，通过事故分析和《电力安全工作规程》的学习，在自己工作岗位上，认真巡视设备的运行情况，通过各种方法使自己所管理设备、线路达到最佳状态，工作中要有积极主动的态度，自觉自发地做好自己的工作，对自己的工作充满激情，团结协作，互相取长补短，承担起自己职责范围内的责任，积极地协调好自己与同事之间的工作关系，创造和谐友善的工作环境，努力勤奋，勇于奉献，争取把工作做得最好。

（三）供电服务"十项承诺"

供电企业是为全社会服务的特殊行业，其生产经营活动不仅直接关乎本企业职工的工作和生活，而且关乎全社会的发展和稳定，因而对电力企业广大职工来说，不仅肩负创造企业的经济效益，促进国民经济的快速发展的任务，而且还承担着艰巨的社会责任。

供电服务就是电力供应过程中，电力公司为满足客户获得和使用电力产品的各种相关需求而做出的服务的总称。供电是电力生产和供应过程中不可分割的组成部分，是发、输、配、售电环节中的配、售环节，指供电企业向用户供应电能的行为。供电服务是电力经营机制中的一个重要环节，是电力安全的保证，是电力生产部门与客户之间的特殊纽带。

优质服务是国家电网公司的生命线，是企业生存发展生生不息的脉搏，不仅仅体现在客服人员一声亲切的问候、营业厅人员一个灿烂的笑容。优质服务，贯穿于我们生产经营的每一个环节。每当天气恶劣时，也是电力人最忙碌的时候。当亿万家庭坐在一起其乐融融的时候，线路人员正在一次又一次地巡查线路，运行人员正在一丝不苟地监视运行画面，抢修人员正在默默准备可能面临的抢修任务，时刻做光明的守护者。当光明告急，他们用最快的速度抵达现场，用最短的时间排除故障，让光明畅通无阻。供电服务"十项承诺"是国家电网公司对客户作出的庄严承诺。国家电网公司视信誉为生命，弘扬宗旨，信守承诺，不断提升客户满意度，持续为客户创造价值。

供电服务"十项承诺"内容如下：

第一条　电力供应安全可靠。城市电网平均供电可靠率达到99.9%，居民客户端平均电压合格率达到98.5%；农村电网平均供电可靠率达到99.8%，居民客户端平均电压合格率达到97.5%；特殊边远地区电网平均供电可靠率和居民客户端平均电压合格率符合国家有关监管要求。

第二条　停电限电及时告知。供电设施计划检修停电，提前通知用户或进行公告。临时检修停电，提前通知重要用户。故障停电，及时发布信息。当电力供应不足，不能保证连续供电时，严格按照政府批准的有序用电方案实施错避峰、停限电。平均供电可靠率和居民客户平均电压合格率符合国家有关监管要求。

第三条　快速抢修及时复电。提供24小时电力故障报修服务，供电抢修人员到达现场的平均时间一般为：城区范围45分钟，农村地区90分钟，特殊边远地区2小时。到达现场后恢复供电平均时间一般为：城区范围3小时，农村地区4小时。

第四条　价费政策公开透明。严格执行价格主管部门制定的电价和收费政策，及时在供电营业场所、网上国网APP（微信公众号）、"95598"网站等渠道公开电价、收费标准和服务程序。

第五条　渠道服务丰富便捷。通过供电营业场所、"95598"电话（网站）、网上国网APP（微信公众号）等渠道，提供咨询、办电、交费、报修、节能、电动汽车、新能源并网等服务，实现线上一网通办、线下一站式服务。

第六条 获得电力快捷高效。低压客户平均接电时间：居民客户 5 个工作日，非居民客户 15 个工作日。高压客户供电方案答复期限：单电源供电 15 个工作日，双电源供电 30 个工作日。高压客户装表接电期限：受电工程检验合格并办结相关手续后 5 个工作日。

第七条 电表异常快速响应。受理客户计费电能表校验申请后，5 个工作日内出具检测结果。客户提出电表数据异常后，5 个工作日内核实并答复。

第八条 电费服务温馨便利。通过短信、线上渠道信息推送等方式，告知客户电费发生及余额变化情况，提醒客户及时交费；通过邮箱订阅、线上渠道下载等方式，为客户提供电子发票、电子账单，推进客户电费交纳"一次都不跑"。

第九条 服务投诉快速处理。"95598"电话（网站）、网上国网 APP（微信公众号）等渠道受理客户投诉后，24 小时内联系客户，5 个工作日内答复处理意见。

第十条 保底服务尽职履责。公开公平地向售电主体及其用户提供报装、计量、抄表、结算、维修等各类供电服务，并按约定履行保底供应商义务。

相关阅读：
国家电网双鸭山供电公司疫情防控期间供电服务不打烊

2020 年，疫情突袭而至。国家电网双鸭山供电公司在市委市政府和省电力公司的坚强领导下，迅速投入到紧张的疫情防控和防疫保电工作中。在做好疫情防控工作的基础上，双鸭山公司克服重重困难，多举措做好供电服务工作，确保在疫情防控期间供电服务不打烊、服务质量不打折。

主动对接重要用户，确保设备运行稳定。严格落实《关于开展重要用户用电设施排查整改的紧急通知》要求，通过现场、电话、微信等多种检查形式，对双鸭山供电辖区内 7 家定点医院、8 家发热门诊、2 家防疫用品生产企业、5 家防疫指挥部门及市委市政府通讯基站及其他等 72 户重点用户，从供电电源、电力设施运行、自备应急电源配备、应急预案等方面进行了逐条逐项检查，有效防范了各类突发事件，做到"服务、通知、报告、督导"四到位。通过检查发现用户隐患 42 条，其中重大隐患 18 条，指导客户制定应急预案 6 户，对于存在安全隐患的用户及时下达用电检查结果通知书 31 份，并与客户建立 24 小时联动机制，随时为用户提供技术支持。

大力推广网上办电，保证电费颗粒归仓。在防疫防控期间，严格执行居民客户欠费不停电措施，关闭费控系统远程停电功能，大力推广线上交费渠道，全力做好电费回收工作，主动与报社联系，在《双鸭山日报》APP"掌上双鸭山"上发表"抗击疫情我们同行——双鸭山供电公司推出'不见面'缴费措施"；以微信朋友圈等多种渠道积极推行业务网上办理，发动公司广大员工大力推广"网上国网 APP"，引导用电客户使用 APP 进行电费缴纳、账单查询、发票下载等业务，降低客户临柜率。工作人员利用春节假期，克服重重困难，确保电费发行等工作如期进行。通过采取上述措施，既做到了居民客户不停电，又有效避免了人员聚集，阻断病毒传播。

积极响应客户需求，提高供电服务质量。在做好疫情防控和防疫保电工作的前提下，截至 2021 年底共接待客户 284 人次，受理、办理业务 556 件。对于减容、暂停、减容恢复、暂停恢复等需现场加装（拆除）封印的，积极鼓励客户经理采取电话等远程方式指导客户进行自拆，同时进行录像拍照留存备查，待疫情结束后再正式加装封印。

采用远程指导方式累计办理了 14 户客户申请暂停（减容）用电，合计容量 15235 千伏安。对于客户反应的问题第一时间予以回应，耐心细致的解释取得了客户的理解。防疫期间采用特事特办的方法，有效降低了客户投诉率，避免了负面舆情的发生。

落实灵活电价政策，降低企业用电成本。按照上级要求，严格落实《关于疫情防控期间采取灵活电价政策降低企业用电成本的通知》各项工作部署，积极协调各区、县供电公司对疫情期间电价政策进行宣传。通过采取电话、网上等多种方式受理客户办电需求，实行"当日受理、次日办结"和"先办理、后补材料"等措施，全力支持企业复工复产，对因疫情而暂停的客户可追溯其基本电费，为用户减免电费，减轻用户企业运营成本和经济负担。

（四）"三公"调度"十项措施"

《国家电网公司调度交易服务"十项措施"》是公司坚持开放透明、依法经营，正确处理与合作伙伴关系的基本准则。公司主动接受监管和监督，依法合规经营，不断提高服务发电企业水平。

（1）规范《并网调度协议》和《购售电合同》的签订与执行工作，坚持公开、公平、公正调度交易，依法维护电网运行秩序，为并网发电企业提供良好的运营环境。

（2）按规定、按时向政府有关部门报送调度交易信息，按规定、按时向发电企业和社会公众披露调度交易信息。

（3）规范服务行为，公开服务流程，健全服务机制，进一步推进调度交易优质服务窗口建设。

（4）严格执行政府有关部门制定的发电量调控目标，合理安排发电量进度，公平调用发电机组辅助服务。

（5）健全完善问询答复制度，对发电企业提出的问询能够当场答复的，应当场予以答复；不能当场答复的，应当自接到问询之日起 6 个工作日内予以答复；如需延长答复期限的，应告知发电企业，延长答复的期限最长不超过 12 个工作日。

（6）充分尊重市场主体意愿，严格遵守政策规则，公开透明组织各类电力交易，按时准确完成电量结算。

（7）认真贯彻执行国家法律法规，严格落实小火电关停计划，做好清洁能源优先消纳工作，提高调度交易精益化水平，促进电力系统节能减排。

（8）健全完善电网企业与电力公司、电网企业与用电客户沟通协调机制，定期召开联席会，加强技术服务，及时协调解决重大技术问题，保障电力可靠有序供应。

（9）认真执行国家有关规定和调度规程，优化新机并网服务流程，为发电企业提供高效优质的新机并网及转商运服务。

（10）严格执行《国家电网公司电力调度机构工作人员"五不准"规定》和《国家电网公司电力交易机构服务准则》，聘请"三公"调度交易监督员，省级及以上调度交易设立投诉电话，公布投诉电子邮箱。

（五）员工服务"十个不准"

《国家电网公司员工服务"十个不准"》是公司对员工服务行为规定的底线、不能逾越的"红线"，其内容如下所示：

第一条　不准违规停电、无故拖延检修抢修和延迟送电。

第二条　不准违反政府部门批准的收费项目和标准向客户收费。

第三条　不准无故拒绝或拖延客户用电申请、增加办理条件和环节。

第四条　不准为客户工程指定设计、施工、供货单位。

第五条　不准擅自变更客户用电信息、对外泄露客户个人信息及商业秘密。

第六条　不准漠视客户合理用电诉求、推诿搪塞怠慢客户。

第七条　不准阻塞客户投诉举报渠道。

第八条　不准营业窗口擅自离岗或做与工作无关的事。

第九条　不准接受客户吃请和收受客户礼品、礼金、有价证券等。

第十条　不准利用岗位与工作便利侵害客户利益、为个人及亲友谋取不正当利益。

思考题：

作为公司员工，你觉得遵守企业规章制度有哪些现实意义？并在思考后分享一下在以后走上工作岗位后你要怎么做。

动手与实践：

【实践内容1】请阅读以下案例1，并分析客户经理李某违背了《国家电网公司员工服务"十个不准"》哪一条款。

案例1：2009年1月12日，某大客户到供电企业申请用电报装，报装容量为31500kVA。客户经理李某，在2009年1月26日答复供电方案时告知客户由于报装容量较大，应采用110kV电压等级供电，而在本市只有供电公司所属的关联多经企业具有四级承装（修、试）电力设施许可证且施工质量不错。客户表示只要供电企业报的价格合理，交给供电企业的施工队伍施工比较放心。2010年2月12日，客户受电工程开工。2010年6月15日，客户受电工程基本竣工，客户向供电公司提出竣工验收申请并希望能早点送电，6月26日（星期六）上午，客户经理李某组织相关人员到现场进行竣工验收，并在当天下午组织送电，一直忙到晚上8：30，试送电运行成功后才到客户的员工餐厅吃晚饭。

【实践内容2】请阅读以下案例2，并分析该抄表员违反了哪些制度，暴露出了哪些问题。

案例2：某供电公司抄表人员抄表不到位被媒体曝光，造成不良社会影响。

【事件过程】在居民抄表例日，抄表员赵某因雨雪冰冻不便出门，没有按照以往的周期抄表，而是对客户王某的电能表指示数进行估测，超出实际电量350千瓦时，达到了客户平均月用电量的3倍多。当客户接到电费通知单后，与抄表员联系要求更正，但抄表员以工作忙为由，未能进行及时解决，造成客户不满，向报社反映此事，当地报社对此事进行了报道。事件发生后，当地报社以"抄表员查电竟靠猜"为题对事件进行了报道，引发了当地客户对供电公司职工的工作态度、责任心和抄表准确性的质疑，严重破坏了供电公司的形象，造成较大负面影响。最后，该供电公司立即派人上门核实现场情况，主动道歉，按实际电量重新计算电费，并对责任人进行考核。同时，请宣传部门协调报社，联合推出供电服务热线接听栏目，扭转不利影响。

模块六　企业精神文化分析及实践

导　　读：

企业精神文化代表着企业广大员工工作财富最大化方面的共同追求，因而同样可以达到激发员工工作动机的激励功能，是企业文化的核心层。企业精神文化包括企业经营哲学、企业价值观、企业精神、企业伦理道德、企业风貌等内容，是企业意识形态的总和，它是企业物质文化、行为文化的升华。企业精神文化是企业文化深层次的文化，具有隐形的内核，决定了制度文化和物质文化，指导着行为文化，是形成企业文化其他各层面的基础和原则。建设好企业精神文化，有助于引导员工切实加强职业道德修养、提高人文素质，坚定不移地朝着企业发展目标迈进，为企业提供持久的生产力和持久的发展动力，推动企业发展和社会进步，意义重大。

学习目标：

(1) 能了解企业精神文化的含义。

(2) 能了解企业精神文化的作用。

(3) 能了解企业内、外部精神文化的内容和范畴。

(4) 能掌握企业精神文化的建设的途径和重要性。

(5) 能掌握国家电网精神文化及特征。

(6) 能掌握大学生在精神文化方面的实践方法。

情景导入：

华为的狼文化

华为是中国企业"狼文化"的缔造者，"狼文化"贯彻华为成长的全过程。华为成立早期，对手主要为爱立信、诺基亚、西门子、阿尔卡特、朗讯、北电网络等百年企业，实力强劲，华为只能望其项背。为了生存下去，为了抢夺订单，华为通常积极去达成自己的目标。在与同城对手中兴通讯的竞争中，即便是赔本也要拿下项目。那时候，凡是有华为的地方，一定会是血雨腥风。

今天，华为早已告别生涩，内部管理更为规范，其价值主张也发生了变化，开始重视产业链的构建，与人为友。

但华为身上的"狼性"并没有因此退化，它已经化为血液，在华为的躯体里静静流淌。只是，华为在行事方式上发生了变化，从早期的辛苦打拼，到现在的委婉曲折。华为内部说，凡是华为认定的目标，均会不惜一切代价去达成，这一点至今未变。

华为技术有限公司主要创始人任正非在接受媒体采访中，他公开回应了诸多外界对华为的"困惑"，诸如，以前提到华为，都会说华为是"狼文化"。但任正非觉得，外界对"狼"的理解有所歪曲，并不是他们的原意。狼嗅觉很灵敏，闻到机会拼命往前冲；狼从来是一个狼群去奋斗，不是个人英雄主义；可能吃到肉有困难，但狼是不屈不挠的。

任正非说，华为永远都会是"狼文化"。

根据上述事例展开以下讨论：

(1) 华为为何选择"狼文化"？

(2) 华为的"狼文化"对华为的发展产生了什么影响？

任务一　认识精神文化

一、企业精神文化的含义

企业精神文化是用以指导企业开展生产经营活动的各种行为规范、群体意识和价值观念，是以企业精神为核心的价值体系。集中体现在一个企业独特的、鲜明的经营思想和个性风格，反映着企业的信念和追求，是企业群体意识的集中体现，是企业意识形态的总和。

二、企业精神文化的地位和作用

企业精神文化是由企业精神力量形成的一种文化优势。这种优势是由企业信念道德心理等多因素综合而成的一种企业精神力量。企业信念是企业人对某种现实或观念抱有深刻信任感的精神状态，它能使人把思想和行动上的有效原则或目标统一起来。当一个企业树立了为全体员工共同接受的信念时，这个企业就获得了一种无形的自导力。它规定和支配着企业员工的行为方向，引导和促使整个企业向着共同的目标前进。企业道德是企业及其员工在生产、经营活动中应遵循的行为规范的总和，它通过规范干部职工的行为，为企业营造和谐共处、遵纪守法、诚信奉献的良好氛围，从而达到以德治企、以德兴企的目的。企业心理是企业员工在各种环境中有效把握自己行为的种种内心活动。企业之间的竞争不仅是经济实力的抗衡，而且是员工心理素质的较量和意志的拼搏。在顺境中，员工不满足；在逆境中，员工不气馁。这种心理素质即是企业文化优势的应激力。企业文化优势的不断增长不仅是企业精神文化建设的体现，而且是企业发展、创新的动力和源泉。

企业精神文化是企业人文化心理积淀的一种群体意识。企业精神文化不像企业物质文化、行为文化和制度文化那样，可以在一定条件下铸就，它的塑造比较复杂，需要各种因素的互补。企业精神文化源于企业长期的生产经营活动和文化学习，并且受社会文化环境和舆论的影响，是群体文化心理的长期积淀。一个企业的精神文化最能体现一个企业的文化精华。这不仅因为精神文化是企业最深层的文化，更关键的是它深深地植根于企业员工的心理之中，并且通过一定的文化习俗或仪式呈现出来，继而得到传承和发展。因而，企业精神文化能供企业员工共享，而不像"物质文化"那样为个人占有，或经过一次或几次消费就消灭无踪。

企业精神文化是企业文化的核心。一方面企业文化是一个大的系统结构，居于系统核心的精神文化方面主导和决定着其他文化的变化和发展，另一方面又是其他文化的结晶和升华。企业精神文化是一股无形的力量，能对企业员工的精神面貌产生持久的作用，并且通过制度文化的渠道造就对行为文化的影响，以此来促进企业制度文化的发展。同时，企业的精神文化是在企业的生产经营活动中产生的，是企业行为文化的结晶，能对企业职工的精神面貌产生作用，并且通过文化系统中的行为文化，来促进企业物质文化的增长。

分析与思考：

请举例说明你所了解的企业精神文化现象，并加以论述，说说这样的企业精神文化对员工、对企业、对社会有什么作用。

任务二　企业精神文化的内容及建设

一、企业精神文化的内容

企业精神文化是企业的上层建筑，它包括企业精神、企业经营哲学、企业伦理道德、企业价值观、企业风貌等内容，是企业意识形态的总和。

（一）企业精神

企业精神是现代意识与企业个性相结合的一种群体意识。不同企业精神各具特色，企业精神以简洁而富有哲理的语言形式概括，通常通过厂歌、厂规、厂徽等形式形象地表现出来。

一般地说，企业精神是企业员工一致共鸣的内心态度、意志状况和思想境界。我们对"人总是要有一点精神"这句话并不陌生。因为精神就是一个人的生活支柱，如果人没了精神，他就会颓废甚至无法生存。对企业来讲，精神也同样重要。它可以使企业有一种激励人、规范人、吸引人的魅力。它能使职工看到企业和个人的发展前途。它可以激发企业员工的积极性，增强企业活力。企业精神作为企业内部员工群体心理定式的主导意识，是企业经营宗旨、价值总则、管理信条的集中体现，构成企业文化的基石。

企业精神源于企业生产经营实践，企业精神反映了企业的特点，与生产经营不可分割，不仅能生动地反映与企业生产经营密切相关的本质特征，而且鲜明地显示出企业的经营宗旨和发展方向。它能较深刻地反映企业的个性特征以及在管理上的影响，从而促进企业的发展。

企业的发展需要全体员工具有强烈的向心力，将企业各个方面的力量集中到企业的经营目标上去。企业精神恰好能发挥这方面的作用。人是生产力中最活跃的因素，也是企业经营管理中最难把握的因素，现代管理学特别强调人的因素和人本管理，其最终目标就是试图寻找一种先进的、具有代表性的共同理想，将企业全体员工团结在企业精神的旗帜下，最大限度地发挥人的主观能动性。企业生产经营活动的各个方面和各个环节处处渗透着企业精神，给人以理想和信念，给人以鼓励和荣誉，也给人以约束。

企业精神一旦形成群体心理定式，既可通过明确的意识支配行为，也可通过潜意识产生行为。其信念化的结果，会大大提高员工主动承担责任和修正个人行为的自觉性，员工会主动地关注企业的前途，维护企业的声誉，为企业贡献自己的全部力量。

从企业运行过程可以发现，企业精神是具有共性的，一般来说企业精神具有以下基本特征：

（1）它是企业现实状况的客观反映。企业生产力状况是企业精神产生和存在的依据，企业的生产力水平对企业精神的内容有着根本的影响。很难想象在生产力低下的经济条件下，企业会产生表现高度发达的商品经济观念的企业精神，同样，只有正确反映现实的企业精神，才能起到指导企业实践活动的作用。企业精神是企业现实状况、现存生产经营方式、员工生活方式的反映，这是它最根本的特征。离开了这一点，企业精神就不会具有生命力，也发挥不了它应有的作用。

（2）它是全体员工共同拥有、普遍掌握的理念。只有当精神成为企业内部的群体意识时，才可被认为是企业精神。企业的绩效不仅取决于它自身有一种独特的和具有生命力的企业精神，而且还取决于这种精神在企业内部的扩展程度，取决于是否具有群体性。

（3）它是稳定性与动态性的统一。企业精神是对员工中存在的现代生产意识、竞争意识、文明意识、道德意识以及企业理想、目标、思想面貌的提炼和概括，从它所反映的内容和表达的形式看，都具有稳定性。但同时，市场形势的变化不允许企业以一个固定的标准为目标，竞争的激化、时空的变迁、技术的飞跃、观念的更新、企业的重组，都要求企业做出与之相适应的反应，这就反映出企业精神的动态性。稳定性和动态性的统一，使企业精神不断趋于完善。

（4）具有独创性和创新性。每个企业的企业精神都应有自己的特色和创新精神，这样才可使企业的经营管理和生产活动更具有针对性，让企业精神充分发挥它的统帅作用。企业财富的源泉蕴藏在企业员工的创新精神中，企业家的创新体现在他的战略决策上，中层管理人员的创新体现在他怎样调动下属的劳动热情上，工人的创新体现在他对操作的改进、自我管理的自觉性上。任何企业的成功，无不是其创新精神的结果。如日本日立公司的"开拓者精神"，重庆铁路分局的"改革奋进"精神等，这些企业都取得了耀眼的成功。因此从企业发展的未来看，独创和创新精神应当成为每一个企业的企业精神的重要内容。

（5）要求务实和求精精神。企业精神的确立，旨在为企业员工指出方向和目标。所谓务实，就是应当从实际出发，遵循客观规律，注重实际意义，切忌凭空设想和照抄照搬。如美国杜邦公司的企业精神是"通过化学为人们的生活提供更好的商品"，表明了杜邦公司的经营特色和独具个性的理念。我国在20世纪50年代有过鞍钢的爱厂如家的"孟泰精神"，60年代有过"三老四严，四个一样"的"大庆精神"等。

求精精神就是要求企业经营上高标准、严要求，不断致力于企业产品质量、服务质量的提高。在强手如林的市场竞争中，质量和信誉是关系企业成败的关键因素。一个企业要想得到长期稳定的发展，永远保持旺盛的生命力，就必须发扬求精精神。

（6）具有时代性。企业精神是时代精神的体现，是企业个性和时代精神的结合。优秀的企业精神应当能够让人从中把握时代的脉搏，感受到时代赋予企业的勃勃生机。在发展市场经济的今天，企业精神应当渗透着现代企业经营管理理念，确立消费者第一的观念、灵活经营的观念、市场竞争的观念、经济效益的观念等。企业在培养企业精神时应充分体现时代精神。

（二）企业经营哲学

"哲学"一词源自希腊语，中文译为"热爱智慧"，它起源于古希腊哲学家泰勒斯提出的哲学命题"实际的本原是什么"，后来在苏格拉底、柏拉图以及亚里士多德等哲学家的推动下，"哲学"的边界不断扩大，概念也愈渐深化。简而言之，哲学是一种智慧而非知识，正如赫拉克利特所言，博学并不能使人充满智慧，智慧体现为认识并善于驾驭一切的思想。简而言之，哲学是一种理论化、系统化的思想体系，是人类从实践中产生而又反过来指导实践的思想智慧。在中国传统哲学中并无"哲学"一词，汉语中的"哲学"最早译于日本近代启蒙思想家西周的《百一新论》，中国近代较早从事哲学研究的胡适将其概括为凡研究人生切要的问题，从根本上着想，要寻求一个根本的解决，这种学问叫作哲学。而后冯友兰在《中国哲学简史》中明确提出了哲学的概念，即"人类精神对于科学研究这种精神活动的反思"。比之于"哲学"，"企业"一词（Enterprise）在中国出现得稍迟，汉语中的"企业"也是从日语翻译过来的词汇，《现代汉语词典》将其解释为从事生产、运输、贸易等经济活动的部门，如工厂、矿山、铁路、公司等，但作为一个学术概念，不同领域的学者对于企业的内涵有着不同的理解和阐释，在经济学中，企业一般是指以特定利益为目的，从事商品生产、流通或服务，为满足社会需要而进行自主经营、自负盈亏、独立核算的社会经济组织。现代企业是科学技术与生产力协同发展到一定阶段的产物，之所以将企业和哲学融为一体，是管理学家不满足以泰罗为代表的科学管理学派仅仅解决科学管理实践中的方法问题，而试图将管理科学擢升为一种专门研究管理本质、管理意义与管理规律的科学哲学。所谓"企业经营哲学"，是指在企业生产、经营、管理过程中表现出来的世界观和方法论，是企业开展各种活动、处理各种关系所遵循的总体思路和综合方法，是企业行为的根本指导思想，它反映着企业对发展经济的历史使命与社会责任的认识和态度，研究企业管理主体与客体的辩证关系，阐明企业活动与外部环境的关系，揭示企业的运行规律和管理的内在规律，它的根本任务就是解决企业中人与人（雇主和雇员、管理者与被管理者、消费者与生产者、企业利益与职工利益、局部利益与整体利益、当前利益与长远利益、企业与企业之间相互利益）、人与物（产品质量与产品价值、职工操作规范、技术开发与改造、标准化、定额、计量信息、情报、计划、成本、财务等）、人与经济规律的关系问题。处理这些关系中形成的企业经营哲学，一方面与民族文化传统有关，另一方面与特定时期的社会生产、特定的经济形态及国家经济体制有关。

企业经营哲学还与企业文化背景有关。一个企业在确立自身的经营哲学时，必须考虑到企业文化背景对企业的影响力。外向型企业、跨国公司跨国经营更需要重视这一点。东西方民族文化传统不同，在企业经营中，从方法到理念上存在着明显的差异。欧美国家的企业受其文化传统影响，崇尚个人的价值，追求利润最大化。他们崇尚天马行空、独来独往式的英雄，崇尚个人奋斗和竞争；在管理中比较强调"理性"管理，强调规章制度，管理组织架构、契约等。而东方文化圈的企业更强调"人性"的管理，如强调人际关系、群体意识、忠诚合作的作用；强调集体的价值——团队精神、对公司的忠诚、产业发展战略以及推动经济增长的产业政策。一个以理性为本，一个以情感为本，两种文化传统形成鲜明的对比，从而也形成两种不同的企业经营哲学。

拓展阅读：

盛田昭夫的企业经营哲学

盛田昭夫在索尼的经营和发展过程中总结出了一套自己独特的经营哲学。"以人为本"四字的理念是索尼的经营思想核心，盛田昭夫倡导企业的管理要注重人性化、人情化，使企业员工感受到企业对他们的真正关心和照顾，从而激发他们的主人翁意识，以极大的工作热情和斗志，为企业创造价值。

盛田昭夫确实做到了，他时时为员工着想，关心体贴员工的生活和家庭，并建立一系列的制度去保护员工的合法权益，使他们真切地感受到企业作为大家庭给予他们的帮助和温情。

另外，盛田昭夫认为企业的发展关键要靠人才，所以，他不拘一格地任用提拔人才的理念也成为企业界的先锋。

他认为那些敢于创新、敢于冒险和挑战新事物的人才，最有可能发明创造新事物。而那些因循守旧，只会照本宣科的"书呆子"则是企业最不愿录用的人。

他倡导所有的员工都要跳出自己狭隘的思想，真正地做到将企业的生死存亡当作自己的使命，索尼的发展和壮大是每个人的责任，需要所有人的共同努力。盛田昭夫非常重视人才，他从不任人唯亲。他曾经说过这样一句话：我不想在位太久，这样会损坏下一代的志气，我也不在乎索尼是否由我的子女来继承，我只需要一个拥有真才实干的人来代替我领导索尼。

盛田昭夫真的做到了，他的下一任总裁接班人之位由原本学习声乐后来改为经商的大贺典雄接任，因为他认为大贺是一个人才，索尼的发展需要这种人才。

盛田昭夫还特别在乎员工的感受。

有一次，他的一个老员工因为疏忽，搞砸了一个项目，他在大会上严厉地批评了他。那名老员工工作这么久，还从未在那么多同事面前受过如此严厉的批评，于是禁不住失声痛哭。

事后，盛田昭夫觉得，虽然自己当着那么多人的面批评他也是想让大家引以为戒，但犯错误在所难免，想到老员工的情绪，他于是专门派人给那名受批评的员工送去了鲜花。这名员工深受感动，于是为公司更加卖力地工作。

盛田昭夫认为既然企业发展的根本在于人，那么就要学会善待自己的员工，考虑到他们的情绪。这样，员工才能心甘情愿地留下来，为公司贡献自己的力量和智慧。

真正优秀成功的企业家和管理者，总是严中带宽、刚柔并济。一方面让员工真切地感受到自己的诚意和关爱，另一方面也能让对方在工作中发挥自己的潜能和特长。只有这样，才能将"以人为本"的理念发挥得淋漓尽致，才能使企业人才辈出，源源不断。

"以人为本"是一种管理智慧，也是一种管理艺术，不论是在经营上还是在做人上，都能让领导者从中受益。盛田与员工之间建立起一种微妙的关系，使双方互相产生一种信赖的感情，从而为彼此贡献自己的全部力量。

索尼的未来之路因为"以人为本"的管理理念而变得更加宽阔，以人为本在索尼的成功运用，应该引起更多的企业关注，去反思，去借鉴，去学习。

在当前，任何一个企业在创造具有本企业特色的经营哲学时，都应包括或体现下列哲学观念：（1）系统观念。企业应将自身置于社会这个大系统之中考虑问题，处理好整体和局部的关系，分析、解决问题时必须从社会这个大系统的整体出发，使企业的功能最优化。（2）物质观念。世界是物质的，企业的经济活动是物质实践活动。因此，企业的行为必然要受客观条件的制约，这就要求我们从实际出发，按照企业发展的客观规律办事。（3）动态观念。企业是一个动态系统，物流、资金流、人流、信息流，都处在运动变化之中。这个系统不应该是封闭静止的，而应该时时与外界交换物质、能量与信息，以保持本企业的平衡与发展。（4）效益与效率观念。企业要讲求经济效益和社会效益，使企业经营状况最优化。（5）风险与竞争观念。企业要敢于开拓新的领域，敢于承担风险，不怕失败，勇于在竞争中改革和创新。此外，企业还要有市场观念、信息观念和人才观念。

（三）企业价值观

企业价值观，是指企业在追求经营成功过程中所推崇的基本信念和奉行的目标。从哲学上说，价值观是关于对象对主体有用性的一种观念。而企业价值观是企业全体或多数员工一致赞同的关于企业意义的终极判断。

这里所说的"价值"是一种主观的、可选择的关系范畴。事物是否具有价值，不仅取决于它对什么人有意义，而且还取决于是谁在做判断。不同的人很可能做出完全不同的判断。如一个把"创新"作为本位价值的企业，当利润、效率与"创新"发生矛盾时，它会自然地选择后者。同样，另一些企业可能认为："企业的价值在于致富""企业的价值在于利润""企业的价值在于服务""企业的价值在于育人"。那么，这些企业的价值观分别可称为"致富价值观""利润价值观""服务价值观""育人价值观"。

在西方企业的发展过程中，企业价值观经历了多种形态的演变，其中最大利润价值观、经营管理价值观和企业社会互利价值观是比较典型的企业价值观，分别代表了三个不同历史时期西方企业的基本信念和价值取向。

当代企业价值观的一个最突出的特征就是以人为中心，以关心人、爱护人的人本主义思想为向导。过去，企业文化也把人才培养作为重要的内容，但只限于把人才的培养作为手段。发达国家部分企业非常强调在员工技术训练和技能训练上投资，以此作为企业提高效率、获得更多利润的途径。这种做法，实际上是把人作为工具来看待，所谓的培养人，不过是为了改进工具的性能，提高使用效率罢了。当代企业的发展趋势已经开始把人的发展视为目的，而不是单纯的手段，这是企业价值观的根本性变化。企业能否给员工提供一个适合人的发展的良好的环境，能否给人的发展创造一切可能的条件，这是衡量一个当代企业或优或劣，或先进或落后的根本标志。德国思想家康德曾指出：在经历种种冲突、牺牲、艰辛斗争和曲折复杂的漫长路程之后，历史将指向一个充分发挥人的全部才智的美好社会。随着现代科学技术的发展，21世纪文明的真正财富，将越来越表现为人通过主体本质力量的发挥而实现对客观世界的支配。这就要求充分注意人的全面发展问题，研究人的全面发展，无论对于企业中的人，还是对全社会，都有着极其重要的意义。

具有新时代特征的价值观应该包括以下内容：

（1）人本观。尊重作为企业主体的人，重视企业生产经营中人的重要性，发挥人的积极性、创造性，把人作为世界上最可贵的资源，是企业价值观的首位。

（2）知识观。知识经济时代，知识的价值已不言而喻，"知本家"和"知识工人"的出现，更使企业知识观念发生根本性的转变。尊重知识、学习知识、运用知识，以知识为资本，以知识为谋生手段，已被人所共识。

（3）信息观。科技的高速发展，特别是信息技术的发展极大地推动生产力的迅猛提高和经济迅速飞跃。信息资源已与能源材料等自然资源并列为人类的重要资源，成为影响综合国力和国际竞争的主要因素。更多的人已经能够运用信息技术和资源短时间迅速致富，而这在过去是从来没有的。

（4）竞争观。产品迅速更新换代，设计和产品生命周期变短，以价格和适销对路为基础的竞争十分激烈；企业尝试满足顾客需要的新方法等，使21世纪的企业进入超强竞争时期，企业必须向顾客提供优于其竞争对手的服务，必须做一些使其竞争对手不能或不会作出反应，甚至不会理解的事。靠质量、技能和市场壁垒而长期保持竞争优势的日子一去不复返。

（5）发展观。在21世纪，企业需要对"发展"的价值观念进行反思。这是因为经济发展的新模式已不是集中工业化，而是出现许多小型企业即松散的能赋予个人创造他们自己的可持续发展的未来的小型企业。很多的企业都将经历从集中控制走向自由分散的逆转历史过程，人们将以更富创造性的方式进行工作和学习。

（6）卓越观。卓越表现一个人或一个企业有能力和无止境地学习，有能力以积极的方式适应所在环境，使之不断地获得进步。追求卓越，已成为21世纪的企业家善于学习、克服自满、反躬自省、一心向上，塑造自我的高境界的价值观。

（7）风险观。随着知识经济的到来，世界企业开始新的变革，面对信息技术革命等一系列新发展的冲击，企业的工作环境和工作内容都将彻底改变。由于人们对新科技的接纳程度不同，社会上可能出现前所未有的不一致。同时由于现有法律无法规范日新月异的新科技，使企业发展面临更多的风险。未来到底对企业是危机还是转机，就看我们采用什么样的价值观采取什么样的行动。

（8）民族观。民族观即为中华民族争光的价值观，把企业的一切生产经营活动，置于中华民族的地位、中华民族的声誉、中华民族的精神的大目标之下，创中华民族21世纪之辉煌。

（四）企业伦理道德

企业伦理道德属于一种意识形态，是企业及其员工在生产、管理和经营等活动中所应遵循的道德规范和行为准则的总和，它是靠道德的力量建立起以个人理想、信念为核心的自我约束机制，用以规范员工的行为，调节企业员工之间、部门之间以及企业和社会之间的关系。企业伦理道德以其说服力和劝导力提高员工的思想认识水平和道德觉悟水平，使员工从内心深处树立起为企业贡献的各种现代化观念，并自觉使自己的行为符合企业伦理道德的要求。

如果企业仅以强制性的制度对员工进行约束，势必造成生产经营和资源配置的扭曲、僵化，使企业走上畸形的发展道路。而企业伦理道德具有柔性，能在企业制度触及不到的地方发挥作用，调节不同成员在企业活动中的非正式关系，影响员工的行为。所以，企业伦理道德建设能弥补制度控制的不足，提高控制的有效性。事实上，企业伦理道德建设也是一种事前控制的手段。由于环境的变化，企业的层级之间、工作团队之间的关系要发生相应的变化，企业已不可能对每个工作单元每一时刻进行全面控制。在这种情况下，员工的行为在一定程度上取决于个人道德素质的高低，加强企业伦理道德建设有利于提高员工的个人道德素质，可以起到事前控制的作用。

企业伦理道德是企业文化的重要内容，它与企业的精神、价值观念、经营理念等同样重要。企业伦理道德内容十分丰富，主要内容可以概为"信、仁、礼"。

1. 诚信为本

"诚信乃为人之本"，企业亦如此。常言道："诚招天下客""信以导利"，一个人没有信誉，不能立身处世，同样，一个企业若失去信誉，也无法得到发展。一个企业的信誉包括企业与社会之间的信誉，企业与企业之间的信誉，企业与消费者之间的信誉以及企业与职工之间的信誉，职工与职工之间的信誉等。

信誉是无形的财富，坚持以诚信为本就能获得信誉，这也是企业获得成功的根本。然而，信誉是经过多年辛勤培养的结果，要做到诚信，除了建立一套企业诚信机制，遵循以诚为本的行为规范，更重要的是，企业全体员工能树立起集体荣誉感，自觉地维护企业的诚信形象。

2. 仁爱之心

仁爱之心首先是一种社会责任和义务。为社会做出贡献也正是体现了一个人的人生价值。作为企业，除了谋求企业发展，尽其社会责任和义务便是其另一个重要目标。公司的企业宗旨、使命、质量方针等理念无不体现出这种奉献精神。对一个企业来说，是否具有仁爱之心首先看是否提供优质的产品和优质服务，因此，企业的员工有责任认真做好各自的本职工作，敬业奉献，共同为提高企业的社会形象而努力。

仁爱思想同时也是企业内部加强团结和增强凝聚力的基础。现代企业不再是物的堆积而是人的集合，企业内部的上下级关系、职工与职工之间的关系是关系到一个企业内部是否具有生命力的重要条件，人与人之间应互相关心、帮助、合作，共同创造一个心情舒畅、和谐互爱的企业内部环境。

3. 齐之以礼

在企业经营过程中，常常要面临各种各样的对外、对内联系，对外例如与顾客的交往，与供应商的交往，与政府行政部门的交往等，对内则主要体现为上下级之间，职工之间的工作协作。保持礼貌可以让公司成员的沟通协作顺利地进行，而且能在双方之间营造出愉快的气氛，尤其是对外联系时，礼仪更是对外塑造一个良好企业形象的前提。

在日常工作中，齐之以礼首先表现在相互尊重，尤其是尊重他人的劳动成果。企业组织由一群不同级位、有不同专长的人有机地团聚在一起，每一位都很重要，公司的许多工作都是在别人的协作与帮助下才得以完成的。礼仪可以在组织中营造出一个融洽无间的工作环境，是企业组织正常运转的润滑剂。

在企业的社会生活中，企业伦理道德影响作用表现在诸多方面。从其道德底线来说，在企业的政治生活领域中，应遵守我国宪法和其他有关法律的规定，坚持社会主义制度和中国共产党的领导。在企业产品的生产和消费过程中，不发生与社会制度相抵触的现象。例如，拒绝并抵制邪教组织等书刊的印刷、销售和宣传等。在经济生活领域中，遵守市场经济秩序，不制假传假、偷税骗税、欺诈、逃废债务等。在社会文化生活领域中，企业产品的生产和消费不发生不利于社会稳定和发展的行为。例如，不生产"毒、赌、黄"产品，不提供相关服务等。在生态环境生活领域中，企业产品的生产和消费，不破坏生态平衡。例如，依法控制"三废"排放，保护稀有动植物资源等。在上述企业社会生活领域中，企业伦理道德的作用在于，它能够以企业伦理道德的底线为基准，对企业生产经营行为进行基本的道德自我控制即道德自律，使企业遵循着伦理道德建设的一般规律。诸如，确立正确的道德规范，营造积极的舆论氛围，树立优秀的楷模，开展思想道德教育，以及建立相应的激励与约束机制等。

（五）企业风貌

企业风貌包括企业风格和企业面貌两方面的内容。企业风格可以分为拼搏风格、协作风格、民主风格、守法风格等；企业面貌是指企业的外部状况及表象特征。良好的企业面貌代表文明的生产、优美的环境、健康多彩的业余生活、浓烈的学习气氛、团结和睦的氛围等。企业风格和企业面貌是企业精神实质的突出表现，是企业文化的综合表现。

企业风貌主要表现在以下两个方面：（1）在企业的思想境界中。思想境界是企业的灵魂，决定着企业的风貌。许多企业以崇高的思想境界体现了自己的独特风貌。例如，长城钢铁公司把其企业风貌概括为党风、厂风和民风。党风是吃苦在前，享乐在后；联系群众，当好公仆；廉洁奉公，作风正派；坚持真理，勇于牺牲。厂风是秩序纪律，文明礼貌，团结和谐，竞争效率。民风是尊老爱幼，邻里和睦，勤劳俭朴，清洁卫生，爱护公物、拾金不昧，排忧解难，见义勇为。（2）在企业领导和员工的思想作风和工作作风上。企业员工的作风，特别是领导班子和经营管理人的思想作风和工作作风，是企业风貌的重要反映。勤奋工作顽强创业、无私奉献的思想作风和精益求精、尽职尽责、求真务实、高效快捷的工作作风对于一个企业的发展至关重要。此外企业风貌还表现在企业的典礼上以及企业的外部形象上。

二、企业精神文化的建设

情景导入：

两个推销员的故事

两个欧洲人到非洲去推销皮鞋。

第一个推销员看到非洲人都打赤脚，立刻失望地说："这些人都习惯打赤脚，怎么能买我们的皮鞋呢！"于是沮丧而回。另一个推销员看到非洲人打赤脚、惊喜万分这些人都没有鞋穿，认为皮鞋市场大得很呀！于是想方设法，向非洲人推销自己的皮鞋，最后发了大财。

分析与思考：

结合上边的案例想一想，这两个推销员为何有不同的结局？这与什么有关？

企业精神文化是企业意识形态的总结，是企业物质文化的升华。其建设情况直接决定着企业文化建设发展情况。古人提出天时不如地利，地利不如人和。行军打仗如此，管理企业亦然。海尔员工收入并不高，但员工们敬业奉献，追求卓越的积极性与创造性却是其他企业无法比较的，也是张瑞敏最为津津乐道的。张瑞敏说，人的素质是海尔过去成功的根本，今后我们面临的挑战也是人的素质问题，你能把许多人的力量聚合起来，这个企业就成功了。这句话充分说明了企业精神文化建设的重要性。

（一）树立以人为本的企业价值观

企业文化建设是现代管理的重要组成部分。现代管理理论认为，人在管理中具有双重地位，既是管理者又是被管理者。管理过程各个环节的主体都是人，人与人的行为是管理过程的核心。因此，"以人为中心是现代管理发展的最重要趋势"。

企业文化理论正是顺应这一趋势而诞生的一种崭新的管理理论，其中心思想就是"以人为中心"。因而，它就自然地成为现代管理的重要组成部分。

一个企业，其物力财力信息资源都是有限的，而人力资源的开发则永无止境。在我国一些地方生产力水平比较落后、资金原材料等资源比较紧缺，而人力资源又比较丰富的情况下，开发、管理好人力资源，企业的效益就能提高。

"以人为本"，其核心就是通常所说的尊重人、爱护人、理解人、关心人，把企业经营管理的全部工作和整个过程都纳入以人为中心的轨道上来始终坚持人是企业的主体和财富。具体来说，可从以下三点来理解：

第一，目的与手段的统一。人作为企业经营管理的目的与手段，在传统意义上是被分割开来的。而作为新型管理理论的企业文化则不然，它对待企业中的人不仅是从经济角度、经营目的和经营手段及其主次关系上去考察，而且是从政治、经济、文化及道德等各个角度进行全方位的动态的考察。因为人是具有社会性和复杂性的高级思维动物。他们既要衣食住行，又要根据自身的能力进行实践和创造，同时他们还是有血肉之躯富于情感的人，因而他们自然就要求并希望能在一种和谐愉快而又富有朝气的环境中进行工作和生活。只有重视人的这些基本需求，并竭尽全力使之得到满足，才能实现人是企业经营管理的目的与手段相统一的目标。

第二，人本与人力的统一。传统管理理论重物不重人，将人视为能为其带来利润和财富的"工具人""经济人"和"社会人"。人没有也不可能被看作是企业的主体和主人，而仅仅被看成是"劳动力"或"人力"。而作为新型管理哲学的企业文化，它强调"以人为中心"，不是把人仅仅局限于经济领域和经营管理角度来看待，也不是不承认"人力"在企业中的作用，而是把人看作企业的主体和主人，"以人为本"的管理思想主张重人又重物，实现人本与人力的内在统一。

第三，营利与奉献的统一。建设企业文化要"以人为中心"，以人本文化开发为其主线。但这里的"人"，是具有多元价值取向的"人"。因而作为企业主体的人就不再是单纯为企业追求营利和物质财富而工作，同时还有比之更高的目的追求，即还要为企业创造社会价值和社会财富。因此，企业既要力争营利，同时又要尽力为社会做奉献，从而实现经济与文化、营利与奉献的科学统一。

（二）确立以市场为导向的企业经营哲学

市场是企业经营管理的出发点和归宿，是企业一切管理活动的依据，也是企业经营哲学的核心。企业家在确立以市场为导向的企业经营哲学的过程中，为适应信息化的社会，必须强化对全体员工的学习、教育和培训。学习对于现代化企业的经营管理是至关重要的。列宁说过："我们不能设想，除了建立在庞大的资本主义文化所获得的一切经验教训的基础上的社会主义以外，还有别的什么社会主义。"[1] "我们无产阶级政党，如果不去向资本主义的第一流专家学习组织托拉斯式的即像托拉斯一样的大生产的本领，那便无从获得。"[2] 这种学习教育和培训不是单一的，而是复合式的；不是单向的，而是多向的；不是单线受动的，而是多线互动的。

所有成功的企业，它所确立的经营哲学都是从外到内，依据市场情况决定的。以市场为中心进行管理定位，不是一种简单的、线性的、因果式的关系，而是一种交互式的关系。市场的现实需求需要企业通过市场调查和分析确定各种需求的内容和边界，优化生产要素，调动企业力量，调整企业管理方式，以求满足需求。市场的潜在需求则需要企业在市场调查和分析的基础上发挥创造力和想象力，把握技术的发展动向，预测市场潜力，进行风险决策，调动企业力量，优化生产要素，调整生产管理方式，以创造需求。

无论是满足需求还是创造需求，企业必须建立与市场间强有力的联系渠道，建立快速、准确的市场信息系统。现代企业通过多元渠道建立企业市场信息系统已成为企业经营哲学的一项重要内容。在企业内部，最初的市场信息渠道主要是销售部的信息反馈；在企业外部，企业获得市场信息最初主要靠市场调查机构。但是，调查机构的分析主要是统计学的、初步的。随着市场的差别化、细分化，市场需求的变化越来越复杂，统计学调查结果往往比较简单，特别是它对科学技术发展与市场需求的关系，社会政治文化发展与市场需求的关系等复杂的情况无法做出深刻的评价，对企业重大决策起不了直接

① 中共中央马克思恩格斯列宁斯大林著作编译局：《列宁全集》（第三十四卷），北京：人民出版社2017年版，第252页。

② 中共中央马克思恩格斯列宁斯大林著作编译局：《列宁全集》（第三十四卷），北京：人民出版社，2017年版，第259~290页。

的指导作用，因此，企业越来越依靠咨询公司来进行市场分析并提出完整的策略建议，作为企业管理决策的依据。

（三）培养参与、协作、奉献的现代企业精神

在当代社会，参与、协作、奉献已成为现代企业员工值得倡导的一种意志状况和思想境界。各企业在提炼自身企业精神时可作为参考。

1. 参与精神。

强调参与，是企业兼顾满足员工各种需求和企业效率效益要求的基本理念。员工通过参与企业管理，发挥聪明才智，得到比较高的经济报酬，改善了人际关系，实现了自我价值。而企业则由于员工的参与，改进了工作，提高了效率，从而达到更高的效益目标。

根据日本公司和美国公司的统计，实施参与管理可以大大提高经济效益（一般都可以提高 50% 以上，有的可以提高一倍至几倍），增加的效益一般有 1/3 作为奖励返还给员工，2/3 作为企业增加的资产投入再生产。

在实施员工参与管理的过程中，要特别注意引导，要反复把企业当前的工作重点、市场形势和努力的主要方向传达给员工，使员工的参与具有明确的方向性。有些企业家对潮水般涌来的建议和意见不知如何处理，这主要是他们自己对企业的经营方向、管理目标缺乏目的性和计划性，不知道如何引导员工有计划分阶段地实施重点突破。实施参与管理还要有耐心。在实施参与管理的开始阶段，由于管理者和员工都没有经验，参与管理会显得有些杂乱无章，企业没有得到明显的效益，甚至出现效益下降。管理者应及时总结经验，把实情告诉员工，获得员工的理解，尽快提高参与管理的效率。

实施参与管理要根据员工知识化程度和参与管理的经验采取不同方式。在参与管理全过程中一般可分为以下三个阶段。

（1）控制型参与管理。

针对员工知识化程度较低、参与管理经验不足的情况，采用控制型参与管理。它的主要目标是希望员工在经验的基础上提出工作中的问题和局部建议，经过筛选后，由工程师和主管人员确定解决方案并组织实施。提出问题阶段是由员工主导的，解决问题阶段主导权控制在工程师和主管人员手中。美国、日本、德国企业中的参与管理很多是采用这种模式，这种模式的长处在于它的可控性，但由于它倾向于把参与管理的积极性控制在现有的标准、制度范畴之内，因而不能进一步发挥员工的聪明才智。

（2）授权型参与管理。

针对员工知识化程度较高、有相当参与管理经验的情况，采用授权型参与管理的主要目标是希望员工在知识和经验的基础上，不但提出实施，而且制定具体实施方案，在得到批准后被授予组织实施权力，以员工为主导完成参与和改革的全过程。美国高技术制造业和高智能服务业的员工知识化水平较高，因此，多采用这种模式。

（3）全方位参与管理。

它不限于员工目前所从事的工作，员工可以根据自己的兴趣、爱好，对自己工作范围以外的其他工作提出建议和意见。企业提供一定的条件，帮助员工从事自己喜爱的工作并发挥创造力。就人性而言，每个人都有自己的长处和短处，只要找到适合自己的工

作并努力去做，每个人都将成为卓越的一员，企业家的职责就是帮助人们找到适合自己的工作岗位，然后鼓励他们努力去做。日本企业家盛田昭夫说，企业家最重要的任务是培育起员工之间的健康关系，在公司中产生出宽容的态度，让员工找到更适合自己的工作。允许员工每两年或多少时间内可以调换一次工作，创造一个毛遂自荐的机会，是发掘人才的重要途径，如果能让员工自由选择自己所爱好的工作，那么他们一旦成功，就会精力充沛地投入这项工作。

2. 协作精神

协作是大生产的基本要求，它不仅能放大整体价值，也能更好地实现个体价值。因此，协作是现代企业精神中的基本要素。

促进协作精神的方法是多种多样的，可以通过工作后的聚餐、郊游等形式来增进同事之间的私人感情，使同事在联系之外加上朋友的关系。日本的企业界，很多经理几乎每天晚上都要和年轻的职员一起聚餐、聊天，直到深夜，这种聚餐已成为日本各公司的普遍做法。在美国，过去有工作后社交的习惯，但一般不是同事，近年来，这种社交活动，逐渐向同事关系扩展。还可以通过非正式组织、团队形式来促进企业职工的协作精神。团队在许多现代企业中已成为促进企业职工协作精神的有效手段和组织形式。美国管理学家哈默指出，团队是一个伟大的创造，是现代企业管理的基础，是重新构建公司的一个基本出发点，具有强大的生命力。

3. 奉献精神

奉献精神是与企业社会责任相联系的一种企业精神。它是指在组织企业经济运营过程中，关心整个社会的进步与发展、为社会多做贡献的境界。企业只有坚持公众利益至上，才能得到公众的好评，使自己获得更大的、长远的利益。这就要求企业积极参加社会公益事业，支持文化教育、社会福利公共服务设施等。通过这些活动，在社会公众中树立企业注重社会责任的形象，提高企业的美誉度，强化企业的道德责任感。

讲奉献精神，不仅体现为企业对社会的责任感，而且在企业内部体现为员工对企业的责任感。尽管在等价交换原则和劳动契约制度面前，不能硬性推行无私和无偿奉献，但企业倡导奉献精神，员工践行奉献精神，这不仅对企业有益，对个人也有利，倡导奉献精神能使企业找到企业价值最大化和个人价值最大化的平衡点。

当然，现代企业精神的内容远不止这几个方面，如创新精神、竞争精神、开拓精神、进取精神等都是现代企业精神的突出表现，在中国社会主义市场经济条件下，这些精神同样需要加以倡导。

任务三　分析国家电网公司的精神文化

企业宗旨：人民电业为人民。

企业宗旨内涵：国家电网事业是党和人民的事业，要坚持以人民为中心的发展思想，把满足人民美好生活需要作为公司工作的出发点和落脚点。

"人民电业为人民"是老一辈革命家对电力事业提出的最崇高、最纯粹、最重要的指示，体现了国家电网发展的初心所在。

牢记国家电网事业是党和人民的事业，始终坚持以人民为中心的发展思想，深入贯彻创新、协调、绿色、开放、共享的发展理念，着力解决好发展不平衡不充分问题，全面履行经济责任、政治责任、社会责任，做好电力先行官，架起党群连心桥，切实做到一切为了人民、一切依靠人民、一切服务人民。

拓展阅读：

我听到了你的微笑

"我家的电器不比邻居多，用的时间也少，为什么每个月电费都比别人家多几元？" 2009年3月，盲人吴先生拨通了厦门95598电力热线，情绪十分激动。当班客服代表周璐敏在了解基本情况后及时安抚客户情绪，并马上向相关部门反映，经现场检查发现吴先生家中使用的"超龄"家电是造成电量增加的原因。收到反馈信息后，周璐敏马上拨通了吴先生的电话，仔细说明了情况并热心地提出一些家庭节电的小建议，同时细心地委托抄表员将科学用电知识手册交到吴先生妻子的手中。几天以后，吴先生再度打了95598服务热线（图6-1），他说："虽然我的眼睛看不见，但我却听到了你们声音中真诚的微笑。"

图6-1 国家电网95598呼叫中心

分析与思考：

（1）电力服务热线95598呼叫中心的周璐敏的服务让你感受到了什么样的精神文化？

（2）作为一名电网公司新员工，你觉得应该具备什么样的精神面貌？

人民立场是中国共产党的根本政治立场。国家电网有限公司始终坚定践行"人民电业为人民"这一企业宗旨，坚持"以人民为中心"的发展思想和"以客户为中心"的服务理念，把满足人民日益增长的美好用能需要作为一切工作的出发点和落脚点，以实际行动为党分忧、为国尽责、为民服务。

拓展阅读：

摘自：2018 年 12 月 17 日《人民日报》

国家电网四川电力共产党员服务队：不忘初心 16 年为民服务

2002 年 4 月，国家电网四川电力（成都）共产党员服务队（图 6-2）宣告成立，这是国家电网第一支党员服务队。由此，国家电网开启了为民服务的奋进历程。

图 6-2 行走在怒江天梯上的党员服务队

16 年执着坚守，国家电网四川电力共产党员服务队始终坚持"善小而为"，以及时、专业的服务获得了"电力 110"的赞誉，成为国家电网优质服务的品牌和标杆。

点亮星星之火 搭建"连心桥"

作为国家电网第一支党员服务队，国家电网四川电力（成都）共产党员服务队最初只有 13 人，全部由党员和入党积极分子组成。服务队从平凡中入手，从小事做起，把这一和百姓交集最多的岗位，做成了党和群众的"连心桥"。

"有呼必应，有难必帮"是党员服务队作出的承诺。真正兑现这 8 个字承诺并不容易。为了这句承诺，党员服务队的几代队员们全天 24 小时、全年 365 天、十几年如一日随叫随到，几乎没有节假日。

为了让岁数大的重点帮扶对象能够方便快捷地联系上服务队，国家电网四川电力（成都）共产党员服务队还专门开发了"一键通电话"，免费给需要帮助的老人安装。求助时不用再按 8 位数字，只需按下有服务队专用标志的按钮就可以接通电话，来电显示系统则马上显示是谁在求助、家在哪里，大大提高了效率。党员服务队十几年如一日对特殊困难群体上门服务，在群众中也是有口皆碑。

2016 年 8 月 1 日，气温高。上午 8 点半，内江 69 岁的罗祖琴老人来到供电局要求解决电压低的问题，中暑生病的原国家电网四川电力（内江）共产党员服务队队长杨方文带病坚持接待。见杨方文带病坚持工作，罗祖琴老人十分感动，催促杨方文赶快去看病，并把杨方文"架着"去看病、抓药，又回其家中帮忙煎药。她把煎好的药分装在两个玻璃瓶里，又盛了一碗凉着，打电话催促杨方文去喝。杨方文眼含泪水，从老人手中接过汤药。这碗汤药，饱含着人民群众对共产党员服务队的一片深情。

在国家电网四川电力共产党员服务队建设座谈会上，来自德阳双东镇敬老院的李玉华院长在 5 分钟的发言中两次落泪："我们院许多老人都说，鲁鹏（德阳党员服务队队长）像亲人一样。"

渐成燎原之势　模式全国推广

发源于四川，推广在全国。国家电网公司以点带面，规范管理，将党员服务队模式推向全系统。

为了使服务常态化，坚持以赛促建、以竞促优，每两年组织一次共产党员服务队竞赛，评选表彰了 150 支金牌共产党员服务队，推动共产党员服务队总量上规模、质量上档次。同时，积极开展党内集中教育，深入开展"亮身份、亮职责、亮承诺，比作风、比技能、比业绩"主题活动，争当先进、争创一流，以点带面、示范引领，形成声势、扩大影响。

如今，由四川点燃的星星之火，已经在全国呈现燎原之势。从天山南北到黄河之滨、从贺兰山麓到潇湘之地，在祖国广袤的大地上，国家电网公司 3731 支党员服务队 7.5 万余名队员已经遍布 27 个省（区、市）。国家电网浙江电力红船共产党员服务队、国家电网陕西电力张思德共产党员服务队、国家电网红岩共产党员服务队、国家电网河北电力西柏坡共产党员服务队、国家电网江西电力井冈山共产党员服务队……一支支国家电网共产党员服务队深入企业、乡村、社区、学校、医院，穿梭于大街小巷、服务在田间地头，为边远地区、老旧社区、困难家庭、农牧民群众送去了光明和温暖，用行动诠释了公司"你用电、我用心"的服务理念。

服务队成长历程

从 1 支队伍到 125 支队伍

2002 年 4 月，国家电网四川省电力公司成都高新区党员服务队正式成立，这是国家电网第一支党员服务队。

目前，国家电网四川省电力公司共产党员服务队已经扩展到 125 支，服务范围覆盖全省 21 个中心城市和 87 个区（县、市）。

据不完全统计，截至 2017 年，党员服务队成立以来，共受理电话和咨询超过 258 万次，参与抢修超过 128 万次，直接服务客户约 478 万次。

从抢修服务到"电力 110"

国家电网四川省电力公司党员服务队不仅提供电力抢修服务，还把参与社会公益事业、开展爱心帮扶等作为党员服务队服务内容的重要延伸。

党员服务队关心帮助残疾人、孤寡老人、空巢老人、失学儿童、贫困学生等，帮助解决各种困难。在特高压、川藏联网、藏中联网、"电力天路"等重大工程建设和农村电网建设改造中担负重任，并作为电力扶贫的骨干力量，深入乐山马边、凉山喜德等少数民族地区开展精准扶贫，用真情服务架起了党和人民群众的"连心桥"。

共产党员服务队真诚兑现"有呼必应、有难必帮"的庄严承诺，以及时、专业的服务获得了"电力110"的赞誉，成为国家电网优质服务的品牌、标杆和党建工作的亮点。

从系统内到系统外

国家电网党员服务队的影响力还正在向系统外辐射和延伸。南充"张思德服务联盟"、广元"V"民生联动服务站、德阳"鲁鹏志愿者联盟"等，均以国家电网党员服务队为基础，联合交通、卫生、通信、燃气等行业企业，志愿为群众提供专业服务，成为各城市志愿服务的名片。

公司使命：为美好生活充电，为美丽中国赋能。

为美好生活充电，就是以更可靠的电力和更优质的服务，持续为客户创造最大价值，助力经济社会发展和人民美好生活。

为美丽中国赋能，就是贯彻落实"四个革命、一个合作"能源安全新战略，主动适应能源革命和数字革命融合趋势，加快电网全面跨越升级，推动能源互联互通，促进建设清洁低碳、安全高效的能源体系，为建设美丽中国贡献力量。

公司定位：国民经济保障者、能源革命践行者、美好生活服务者。

国民经济保障者，体现公司作为国有重点骨干企业的属性，就是深刻认识国有企业"六个力量"的历史定位，积极履行经济责任、政治责任、社会责任，为经济社会发展提供安全、可靠、清洁、经济、可持续的电力供应，在服务党和国家工作大局中当排头、作表率。

能源革命践行者，体现公司作为能源电力企业的属性，就是深入落实"四个革命、一个合作"能源安全新战略，主动适应能源变革趋势，充分发挥电网枢纽和平台作用，在保障国家能源安全、推动能源转型中发挥骨干作用，成为引领全球能源革命的先锋力量。

美好生活服务者，体现公司作为公用事业企业的属性，就是自觉践行党的根本宗旨，把群众观点、群众路线深深植根于思想中、具体落实到行动上，在满足人民美好生活需要、促进社会文明进步中发挥应有作用。

公司的企业精神：努力超越、追求卓越。

公司的企业精神简称"两越"精神，是公司和员工勇于超越过去、超越自我、超越他人，永不停步，追求企业价值实现的精神境界。

"努力超越、追求卓越"的本质是与时俱进、开拓创新、科学发展。公司立足于发展壮大国家电网事业，奋勇拼搏，永不停顿地向新的更高目标攀登，实现创新、跨越和突破。公司及员工以党和国家利益为重，以强烈的事业心和责任感，不断向更高标准看齐，向更高目标迈进，精益求精、臻于至善。

拓展阅读：

摘自 2020 年 01 月 17 日《国家电网报》

9 万项！国家电网专利累计拥有量连续十年央企第一

近年来，国家电网有限公司深入学习贯彻习近平总书记关于科技创新的重要论述精神，发挥新型举国体制优势，瞄准国家重大战略需求，凝聚科技创新强大引擎，着力解决制约电网安全和发展的重大技术难题，有力推动我国能源电力科技从跟跑向并跑、领跑的战略性转变。

据最新统计，截至 2020 年底，国家电网有限公司累计获得国家科学技术奖 85 项，其中特等奖 2 项、一等奖 9 项，获得中国专利金奖 11 项；累计拥有专利超过 9 万项，专利申请量和累计拥有量连续 10 年排名央企第一，2020 年发明专利累计拥有量居央企首位。

2020 年 9 月，由全球能源互联网研究院牵头设计研制的高压直流电缆附件通过全部型式试验，这意味着公司在直流输电领域核心装备研发方面取得了又一重大突破，在掌握高压直流电缆材料技术基础上，进一步掌握了高压直流电缆附件关键技术。

我国是全球第一大电缆制造国，但在高压电缆绝缘材料及附件等领域，却一直依赖进口、受制于人。在全球能源互联网研究院直流输电技术研究所时任副所长庞辉看来，研究团队对高压直流电缆附件关键技术领域所取得的突破，是公司近年来集中力量攻坚电网核心技术、解决关键领域"卡脖子"问题的具体体现。

"过去，我们只能从国外进口直流电缆附件，如今已经完全可以自主研制。"庞辉说，新型直流电缆材料具有可回收、可降解等环保优势，但也极大增加了附件设计、工艺等难度，"为解决这一'卡脖子'难题，研究团队在电缆材料配方及调控、附件设计及制造、电缆系统试验运维检测等一系列关键技术开展攻关并取得突破，有力推动了我国高压电缆核心技术发展"。

具有自主知识产权的核心技术，如今已成为越来越多电网科技工作者的主攻方向。近年来，公司发挥集中力量办大事的体制优势，积极培育产学研用一体的科技创新生态，在特高压输电、大电网运行控制、柔性直流输电技术、新能源并网、智能电网、高压电缆绝缘材料等领域取得众多具有自主知识产权、引领世界电网技术发展的重大成果。

一系列代表性的成果，是近年来公司大力攻坚电网核心技术的一个缩影。"十三五"时期，国家电网公司累计获得国家科学技术奖特等奖 1 项、一等奖 3 项、二等奖 30 项，获得中国专利奖金奖 6 项、银奖 4 项，获得中国标准创新贡献奖一等奖 10 项。

技术攻关仍在持续加力，未来，公司将进一步加大研发投入力度，增强原始创新能力，勇闯技术"无人区"，实现关键核心技术自主可控，把竞争和发展的主动权牢牢掌握在自己手中。

公司战略目标：建设具有中国特色国际领先的能源互联网企业。

"中国特色"是根本，体现为坚持"两个一以贯之"（坚持党对国有企业的领导是重大政治原则，必须一以贯之；建立现代企业制度是国有企业改革的方向，也必须一以贯之）、党的领导有机融入公司治理，体现为坚定不移服务党和国家工作大局，体现为走符合国情的电网转型发展和电力体制改革道路，体现为全面履行政治责任、经济责任、社会责任。

这里强调要服务大局，全面履行政治责任、经济责任、社会责任。区别于对企业追求利润的一般定义。

"国际领先"是追求，致力于企业综合竞争力处于全球同行业最先进水平，经营实力领先、核心技术领先、服务品质领先、企业治理领先、绿色能源领先、品牌价值领先、公司硬实力和软实力充分彰显。

国际领先涉及企业治理，能源发展。显示与同类企业对标的位置。

"能源互联网企业"是方向，代表电网发展的更高阶段，能源是主体，互联网是手段，公司建设能源互联网企业的过程，就是推动电网向能源互联互通、共享互济的过程，也是用互联网技术改造提升传统电网的过程。

三者有机一体，构成了指引公司发展的航标。

国家电网以电网为基础，全面联通能源。定位是能源企业，而不仅仅是电网。

2020—2025年，基本建成具有中国特色国际领先的能源互联网企业，公司部分领域、关键环节和主要指标达到国际领先，中国特色优势鲜明，电网智能化数字化水平显著提升，能源互联网功能形态作用彰显；2026—2035年，全面建成具有中国特色国际领先的能源互联网企业。

动手与实践：

【实践内容1】"我是解说员"

作为一名国家电网准员工，请通过上网搜索或者摄影摄像等方法收集国家电网公司精神文化素材，以小组为单位制作PPT介绍国家电网公司企业精神文化。PPT要包含封面、目录、过渡页、内容页及结束页。

【实践内容2】"演绎国网故事"

无论是特高压建设还是成立共产党员服务队服务群众抑或是抗震抗洪抢险⋯⋯处处都有国网人的身影。作为国网准员工，请以小组为单位，通过拍摄微视频（时长在5~10分钟）的方式演绎国网职工的动人故事，展现国网企业精神文化内涵。

【实践内容3】"我是策划小能手"

假设你是国网某供电公司员工，部门准备申报企业文化建设示范点，请你做一份企业文化建设方案。（部门可能是设备管理部、市场营销部、安监部等等，可以站在部门角度或单位角度去思考）

参考文献

2017，国家电网公司新员工培训专用教材——公司文化课程（电工类）[M]. 北京：国网技术学院.

郝育青，焦跃冠，2013. 企业文化建设读本 [M]. 北京：中国电力出版社.

李睿，2015. 狼性执行：企业如何打造卓越执行力 [M]. 北京：石油工业出版社.

刘建英，贺敬，2014. 电力企业文化 [M]. 北京：北京理工大学出版社.

曼德尔，2014，永无止境：我的领导生涯 [M]. 北京：中国电力出版社.

苏万益，2015. 现代企业文化与职业道德 [M]. 2版. 北京：高等教育出版社.

威廉·大内. 1981. 理论——美国企业如何应对日本的挑战 [M]. 北京：机械工业出版社.